КЛАСС!ное

Ф.М. Достоевский

БЕЛЫЕ НОЧИ

Книга для чтения с заданиями
для изучающих русский язык как иностранный

Третье издание, стереотипное

B2

РУССКИЙ ЯЗЫК
КУРСЫ

МОСКВА
2021

УДК 811.161.1
ББК 81.2 Рус-96
Д70

Адаптация текста, комментарий: *Еремина Н.А.*
Задания: *Старовойтова И.А.*

Достоевский, Ф.М.

Д70 **Белые ночи**: Книга для чтения с заданиями / Ф.М. Достоевский. — 3-е изд., стереотип. — М.: Русский язык. Курсы, 2021. — 64 с. (Серия «КЛАСС!ное чтение»)

ISBN 978-5-88337-412-7

В книге представлена повесть «Белые ночи» великого русского писателя XIX века Ф.М. Достоевского.

Это история о том, как одинокий молодой человек познакомился с доброй скромной девушкой и влюбился в неё. Он мечтает о счастье, которое, казалось, уже так близко. Но происходит невероятное…

Текст повести адаптирован (B2), сопровождается комментарием, заданиями на понимание прочитанного и на развитие речи. В книге приводятся наиболее интересные факты из жизни Ф.М. Достоевского.

Учебное издание

Достоевский Фёдор Михайлович

16+

БЕЛЫЕ НОЧИ

Редактор *Н.А. Еремина* Корректор *О.Ч. Кохановская*
Вёрстка *Е.П. Бреславская*

Подписано в печать 25.08.2021. Формат 60×90/16
Объем 4 п.л. Тираж 300 экз. Зак. 4782

Издательство ООО «Русский язык». Курсы
107078, г. Москва, ул. Новая Басманная, д. 19, стр. 2
Тел./факс: +7(499) 261-54-37; тел.: +7(499) 261-12-26
e-mail: rusyaz_kursy@mail.ru; ruskursy@mail.ru;
ruskursy@gmail.com; rkursy@gmail.com
Сайт издательства: www.rus-lang.ru

Отпечатано в типографии ООО "ПКФ "Союз-пресс"
150062, г. Ярославль, пр-д Доброхотова, 16-158. Тел.: (4852) 58-76-33, 58-76-39

В оформлении обложки использован рисунок Т.А. Ляхович

ISBN 978-5-88337-412-7

Содержание

Предисловие

Эта книга включена в серию «КЛАСС!ное чтение». В серию вошли произведения русских классиков, а также известных современных писателей. Тексты произведений адаптированы с расчётом на разные уровни обучения РКИ (А1, А2, В1, В2, С1).

В данном издании представлена повесть «Белые ночи» великого русского писателя XIX века Ф.М. Достоевского.

Это история о том, как одинокий молодой человек познакомился с доброй скромной девушкой и влюбился в неё. Он мечтает о счастье, которое, казалось, уже так близко. Но происходит невероятное…

В книге приводятся наиболее интересные факты из жизни Ф.М. Достоевского. Текст повести адаптирован (В2). Перед текстом помещён список слов, значение которых можно проверить в словаре (если они вам незнакомы). После произведения дан комментарий (в тексте обозначен *), а также предлагаются вопросы и тестовые задания на понимание прочитанного, на развитие речи и задания, помогающие повторить грамматические формы, актуальные для данного уровня обучения.

Контрольная матрица дана в конце книги.

Издание адресовано иностранцам, изучающим русский язык и интересующимся русской литературой, а также детям соотечественников, проживающим за рубежом, учащимся национальных школ.

Эта книга будет полезна всем, кто хочет совершенствовать свой русский язык.

Достоевский Фёдор Михайлович

(1821–1881)

Фёдор Михайлович Достоевский — известный русский писатель, мыслитель, публицист.

Он родился в Москве в семье врача, работающего в больнице для бедных. Детство и отрочество будущий писатель прожил на территории больницы, в квартире, которую занимала семья Достоевских. В 1837 году умирает его мать, и отец отправляет Фёдора в Петербург, где он поступает учиться в Военно-инженерное училище. В 1843 году Достоевский окончил училище. Однако военная служба не интересовала его, и через год он уходит в отставку и посвящает себя литературе. Боль, страдание и смерть, которые Достоевский близко видел до шестнадцати лет своей жизни, безусловно, нашли отражение в его творчестве. Первые произведения Достоевского (роман «Бедные люди», повести «Двойник», «Слабое сердце», «Белые ночи» и другие) проникнуты состраданием к людям и пониманием души человека.

В 1849 году произошло событие, которое на всю жизнь определило судьбу писателя. За участие в работе кружка русского революционера социалиста Петрашевского вместе с другими членами кружка Достоевского арестовали и приговорили к смертной казни. Арестованных вывели на площадь, завязали им глаза перед исполнением приговора и в таком положении держали 25 минут, в течение которых они каждую секунду ожидали услышать команду «пли!». Затем им развязали глаза и зачитали указ о замене смертного приговора на каторгу. Достоевский был четыре года на каторге в сибирском городе Омске, затем служил в армии рядовым солдатом. Через два года ему вернули дворянство и право печататься. Но только в конце 1850-х годов он получил разрешение на возвращение в столицу. В 1860 году Достоевский поселился в Петербурге. Четыре года, которые писатель провёл на каторге, нашли отражение в «Записках из мёртвого дома». В этом произведении хорошо видно, как сильно укрепился дух писателя, как навсегда установилась его вера в Христа.

Следующие годы жизни Достоевский посвятил писательской работе. Кроме замечательных повестей и небольших произведений, писатель создаёт свои главные пять романов — «Преступление и наказание» (1866), «Идиот» (1869), «Бесы» (1872), «Подросток» (1876), «Братья Карамазовы» (1880).

Ещё в конце 1879 года врачи обнаружили у писателя болезнь лёгких. Достоевскому рекомендовали избегать физических нагрузок и волнений. Писатель часто работал по ночам, и 26 января 1881 года случайно уронил ручку на пол. Доставая её, сдвинул с места тяжёлую этажерку с книгами. Физическое напряжение вызвало у него кровотечение из горла. Это привело к резкому обострению болезни. Утром 28 января Достоевский сказал жене: «Я знаю, я должен сегодня умереть!» Вечером того же дня Фёдор Михайлович Достоевский скончался.

Главной заслугой Достоевского как художника и мыслителя является исследование человеческой души. Огромное влияние творчество Достоевского оказало на развитие мировой литературы. Произведения Достоевского переведены на десятки языков и сегодня с большим интересом читаются во всём мире.

Если эти слова (в тексте они выделены) вам незнакомы, посмотрите их значение в словаре.

Благослове́нный
блаже́нство

Великоду́шно
виде́ние
восто́рг

Гре́зить

Зарыда́ть (рыда́ть)
зов

Капри́зный
коке́тство

Мира́ж

Навя́зываться
нашали́ть (шали́ть)
недоуме́ние
незнако́мка

Отве́ргнуть
отстегну́ть
очну́ться

Пала́ццо
перебива́ть
пери́ла
по́шлый
предпоче́сть
привиде́ние
просту́пок
пусты́ня

Раска́яние
ро́бко, ро́бкий

Смути́ться
соли́дный
су́дорога

Тоска́

Угрю́мый
уны́ло
утеша́ть

Хохота́ть

Бе́лые но́чи

Сентимента́льный рома́н

(Из воспомина́ний мечта́теля)

Ночь пе́рвая

Была́ чу́дная ночь, така́я ночь мо́жет быть то́лько тогда́, когда́ мы мо́лоды, дорого́й чита́тель. Не́бо бы́ло тако́е звёздное, тако́е све́тлое не́бо, что, взгляну́в на него́, хоте́лось спроси́ть себя́: неуже́ли же мо́гут жить под таки́м не́бом ра́зные серди́тые и *капри́зные* лю́ди? Говоря́ о капри́зных и ра́зных серди́тых господа́х*, я вспо́мнил и своё поведе́ние в э́тот день. С са́мого утра́ меня́ ста́ла му́чить *тоска́.* Мне вдруг показа́лось, что меня́, одино́кого, все поки́нули. Вот уже́ во́семь лет я живу́ в Петербу́рге, и у меня́ почти́ нет знако́мых. Но заче́м мне знако́мства? Мне и так знако́м весь Петербу́рг; вот почему́ мне и показа́лось, что меня́ все поки́нули, когда́ весь Петербу́рг вдруг уе́хал на да́чу. Мне стра́шно ста́ло остава́ться одному́, и це́лых три дня я броди́л по го́роду. Я ходи́л на Не́вский*, в сад, броди́л по на́бережной — ни одного́ лица́ из тех, кого́ привы́к встреча́ть в то́м же ме́сте, в изве́стный час, це́лый год. Каза́лось, весь Петербу́рг преврати́лся в *пусты́ню*, так что мне ста́ло сты́дно, оби́дно и гру́стно: мне не́куда и не́зачем бы́ло е́хать на да́чу.

Бы́ло уже́ де́сять часо́в ве́чера, когда́ я подходи́л к своему́ до́му. Доро́га моя́ шла по на́бережной кана́ла, на кото́рой в э́тот час никого́ не встре́тишь. Вдруг я уви́дел же́нщину, она́ стоя́ла, прислони́вшись к *пери́лам.*

Она́ о́чень внима́тельно смотре́ла на му́тную во́ду кана́ла. На ней была́ ми́ленькая жёлтая шля́пка и чёрная манти́лька*. Она́, ка́жется, не слы́шала шаго́в мои́х, да́же не шевельну́лась, когда́ я прошёл ми́мо. «Стра́нно! — поду́мал я, — наве́рное, она́ о чём-нибудь о́чень заду́малась», и вдруг я останови́лся. Мне послы́шалось глухо́е рыда́ние. Да, де́вушка пла́кала. Бо́же мой*! У меня́ се́рдце сжа́лось. Я верну́лся, шагну́л к ней, но де́вушка огляну́лась и бы́стро прошла́ ми́мо меня́ по на́бережной. Я пошёл за ней, но она́ догада́лась, перешла́ че́рез у́лицу и пошла́ по тротуа́ру. Я не реши́лся перейти́ че́рез у́лицу. Вдруг оди́н слу́чай помо́г мне.

По той стороне́ тротуа́ра, недалеко́ от мое́й *незнако́мки*, вдруг появи́лся господи́н во фра́ке*. Он шёл, поша́тываясь и осторо́жно опира́ясь о сте́нку. Де́вушка шла торопли́во и *ро́бко*, как вообще́ хо́дят все де́вушки, кото́рые не хотя́т, что́бы кто́-нибудь предложи́л проводи́ть их но́чью домо́й. Вдруг, не сказа́в никому́ ни сло́ва, мой господи́н побежа́л, догоня́я мою́ незнако́мку. Она́ шла бы́стро, но господи́н догна́л её, де́вушка вскри́кнула… Я бы́стро оказа́лся на той стороне́ тротуа́ра, и сра́зу э́тот господи́н по́нял, в чём де́ло, и отста́л.

—Да́йте мне ру́ку, — сказа́л я мое́й незнако́мке, — он не реши́тся бо́льше к нам пристава́ть.

Она́ мо́лча подала́ мне свою́ ру́ку, ещё дрожа́вшую от волне́ния и испу́га. Я посмотре́л на де́вушку: она́ была́ о́чень ми́ленькая и брюне́тка; на её чёрных ресни́цах ещё блесте́ли слези́нки неда́внего испу́га и́ли пре́жнего го́ря, — не зна́ю. Но гу́бы её уже́ улыба́лись. Она́ то́же взгляну́ла на меня́ и покрасне́ла.

—Вот ви́дите, заче́м же вы тогда́ отогна́ли меня́? Если бы я был тут, ничего́ бы не случи́лось…

—Но я вас не зна́ла: я ду́мала, что вы то́же…

—А ра́зве вы тепе́рь меня́ зна́ете?

—Немно́жко. Вот, наприме́р, отчего́ вы дрожи́те?

—О, вы угада́ли с пе́рвого ра́за! — отвеча́л я в восто́рге, что моя́ де́вушка у́мница. — Да, вы с пе́рвого взгля́да угада́ли, с кем име́ете де́ло. То́чно, я ро́бок с же́нщинами, я волну́юсь не ме́ньше, чем вы мину́ту наза́д, когда́ э́тот господи́н испуга́л вас... Я в како́м-то испу́ге тепе́рь. То́чно сон, а я да́же и во сне не ду́мал, что когда́-нибудь бу́ду говори́ть хоть с како́й-нибудь же́нщиной.

—Как? неуже́ли?..

—Да, е́сли рука́ моя́ дрожи́т, то э́то оттого́, что никогда́ ещё её не держа́ла така́я хоро́шенькая ма́ленькая ру́чка, как ва́ша. Я совсе́м отвы́к от же́нщин; то есть я к ним и не привыка́л никогда́; я ведь оди́н... Я да́же не зна́ю, как говори́ть с ни́ми. Вот и тепе́рь не зна́ю — не сказа́л ли я вам како́й-нибудь глу́пости? Скажи́те мне пря́мо; предупрежда́ю вас, я не оби́дчив...

—Нет. И е́сли уже́ вы тре́буете, что́бы я была́ открове́нна, так я вам скажу́, что же́нщинам нра́вится така́я ро́бость; а е́сли вы хоти́те знать бо́льше, то и мне она́ то́же нра́вится, и я не отгоню́ вас от себя́ до са́мого до́ма.

—Мне хо́чется понра́виться вам. Мне два́дцать шесть лет, а я никого́ никогда́ не ви́дел. Я не уме́ю молча́ть, когда́ се́рдце во мне говори́т. Пове́рите ли, ни одно́й же́нщины, никогда́, никогда́! Никако́го знако́мства! и то́лько мечта́ю ка́ждый день, что наконе́ц-то когда́-нибудь я встре́чу кого́-нибудь.

—Но скажи́те мне, почему́ вы реши́лись подойти́ ко мне?

—Почему́? почему́? Но вы бы́ли одна́, тот господи́н был сли́шком смел, тепе́рь ночь: согласи́тесь са́ми, что э́то обя́занность...

— Нет, нет, ещё ра́ньше, там, на той стороне́. Ведь вы хоте́ли же подойти́ ко мне?

— Там, на той стороне́? Вы... мне, мо́жет быть, показа́лось... Ну, прости́те меня́, е́сли я напо́мню: мне показа́лось, что вы пла́кали, и я... я не мог слы́шать э́то... у меня́ сжа́лось се́рдце...

— Не говори́те... — сказа́ла де́вушка, сжав мою́ ру́ку. — Я сама́ винова́та, что заговори́ла об э́том; но я ра́да, что не оши́блась в вас... но вот уже́ я до́ма; мне ну́жно сюда́, в переу́лок; тут два ша́га... Проща́йте, благодарю́ вас...

— Так неуже́ли же, неуже́ли мы бо́льше никогда́ не уви́димся?..

— Мо́жет быть, и встре́тимся, — сказа́ла, смея́сь, де́вушка.

— Я приду́ сюда́ за́втра, — сказа́л я. — О, прости́те меня́, я уже́ тре́бую...

— Да, вы нетерпели́вы... вы почти́ тре́буете...

— Послу́шайте, послу́шайте! — прерва́л я её. — Я не могу́ не прийти́ сюда́ за́втра. Я мечта́тель, я промечта́ю о вас це́лую ночь, це́лую неде́лю, весь год. Я обяза́тельно приду́ сюда́ за́втра, и́менно сюда́, на э́то же ме́сто, и́менно в э́тот час, и бу́ду сча́стлив, вспомина́я вчера́шнее.

— Хорошо́, — сказа́ла де́вушка, — я, пожа́луй, приду́ сюда́ за́втра, то́же в де́сять часо́в. Ви́жу, что я уже́ не могу́ вам запрети́ть... Вот в чём де́ло, мне ну́жно быть здесь; не поду́майте, что я вам назнача́ла свида́ние; я предупрежда́ю вас, мне ну́жно быть здесь для себя́. Но я вам так скажу́: э́то бу́дет хорошо́, е́сли и вы придёте; во-пе́рвых, мо́гут быть опя́ть неприя́тности, как сего́дня, но ещё мне про́сто хоте́лось бы вас ви́деть... что́бы сказа́ть вам два сло́ва. То́лько вы не поду́майте, что я так легко́ назнача́ю свида́ния... Я бы и назна́чила, е́сли бы... Но пусть э́то бу́дет моя́ та́йна! То́лько дава́йте договори́мся, что вы не влюбля́етесь в меня́... Это нельзя́, уверя́ю вас. На дру́жбу я гото́ва, вот вам рука́ моя́... А влюби́ться нельзя́, прошу́ вас!

—Кляну́сь вам, — закрича́л я, схвати́в её ру́чку...

—Не кляни́тесь. Если бы вы зна́ли... У меня́ то́же никого́ нет, с кем бы мне мо́жно бы́ло сло́во сказа́ть, у кого́ бы сове́та спроси́ть. Коне́чно, не на у́лице же иска́ть сове́тников, но вы исключе́ние. Я вас так хорошо́ зна́ю, как бу́дто уже́ мы два́дцать лет бы́ли друзья́ми...

—То́лько я не зна́ю, как я доживу́ э́ти су́тки.

—Спи́те покре́пче; до́брой но́чи — и по́мните, что я вам уже́ дове́рилась. До за́втра. Пусть э́то бу́дет пока́ та́йной. Тем лу́чше для вас; хоть и́здали бу́дет на рома́н похо́же. Мо́жет быть, я вам за́втра же скажу́, а мо́жет быть, нет... Я ещё с ва́ми поговорю́, мы познако́мимся лу́чше...

—О, да я вам за́втра же всё расскажу́ про себя́! Но что э́то? то́чно чу́до со мной соверша́ется... Две мину́ты, и вы сде́лали меня́ навсегда́ счастли́вым. Я вам за́втра всё расскажу́, вы всё узна́ете, всё...

—Хорошо́, принима́ю; вы и начнёте...

—Согла́сен.

—До свида́нья!

—До свида́нья!

И мы расста́лись. Я ходи́л всю ночь; я не мог реши́ться верну́ться домо́й. Я был так сча́стлив... до за́втра!

Ночь втора́я

—Ну, вот и до́жили! — сказа́ла она́ мне, смея́сь и пожима́я мне о́бе руки́.

—Я здесь уже́ два часа́; вы не зна́ете, что бы́ло со мной це́лый день!

— Зна́ю, зна́ю… но к де́лу. Зна́ете, заче́м я пришла́? Вот что: нам ну́жно тепе́рь быть умне́е. Я обо всём э́том вчера́ до́лго ду́мала.

— В чём же, в чём быть умне́е?

— Во-пе́рвых, прошу́ вас, не жми́те так мои́х рук; во-вторы́х, объявля́ю вам, что я о вас сего́дня до́лго ду́мала.

— Ну, и чем же ко́нчилось?

— Чем ко́нчилось? Ко́нчилось тем, что ну́жно всё сно́ва нача́ть, потому́ что я реши́ла сего́дня, что вы ещё мне совсе́м неизве́стны, что я вчера́ поступи́ла как ребёнок. И поэ́тому, что́бы попра́вить оши́бку, я реши́ла узна́ть о вас подро́бнее. Вы должны́ мне всё рассказа́ть. Ну, како́й вы челове́к? Поскоре́е — начина́йте же, расска́зывайте свою́ исто́рию.

— Исто́рию! — закрича́л я, испуга́вшись, — исто́рию! Но кто вам сказа́л, что у меня́ есть моя́ исто́рия? у меня́ нет исто́рии…

— Да кто же вы тако́й, объясни́тесь! Посто́йте, я дога́дываюсь: у вас, наве́рное, есть ба́бушка, как и у меня́. Она́ слепа́я и вот уже́ це́лую жизнь меня́ никуда́ не пуска́ет, так что я почти́ разучи́лась говори́ть. А когда́ я *нашали́ла* два го́да наза́д, она́ позвала́ меня́, да и приколо́ла була́вкой моё пла́тье к своему́ — и так мы с тех пор и сиди́м все дни; она́ чуло́к вя́жет, хотя́ и слепа́я; а я о́коло неё сиди́, шей и́ли кни́жку вслух ей чита́й…

— Ах, бо́же мой, како́е несча́стье! Да нет же, у меня́ нет тако́й ба́бушки.

— А е́сли нет, так как э́то вы мо́жете до́ма сиде́ть?..

— Послу́шайте, вы хоти́те знать, кто я тако́й?

— Ну, да, да!

— Слу́шайте: зна́ете вы, что тако́е мечта́тель?

— Мечта́тель? да я сама́ мечта́тель! Ино́й раз сиди́шь во́зле ба́бушки и начнёшь мечта́ть, да так размечта́ешься — как бу́дто за кита́йского при́нца за́муж выхожу́...

— Превосхо́дно! Уж е́сли вы выходи́ли за кита́йского при́нца, так, зна́чит, поймёте меня́. Ну, слу́шайте... Но позво́льте: ведь я ещё не зна́ю, как вас зову́т?

— Меня́ зову́т — На́стенька.

— Ну, вот, На́стенька, слу́шайте, кака́я тут получа́ется смешна́я исто́рия.

Я усе́лся о́коло неё, при́нял серьёзную по́зу и на́чал:

— Есть, На́стенька, в Петербу́рге стра́нные места́. В э́ти места́ как бу́дто не загля́дывает то со́лнце, кото́рое све́тит для всех петербу́ргских люде́й, а загля́дывает како́е-то друго́е, но́вое, и све́тит на всё други́м, осо́бенным све́том. В э́тих места́х, ми́лая На́стенька, совсе́м друга́я жизнь, не похо́жая на ту, кото́рая во́зле нас происхо́дит в на́ше серьёзное вре́мя. Вот э́та жизнь и есть смесь чего́-то фантасти́ческого, идеа́льного и вме́сте с тем обыкнове́нного и *по́шлого*.

— Фу! го́споди бо́же мой!* како́е предисло́вие! Что же э́то я тако́е услы́шу?

— Услы́шите вы, На́стенька (мне ка́жется, я никогда́ не уста́ну называ́ть вас На́стенькой), услы́шите вы, что в э́тих места́х прожива́ют стра́нные лю́ди — мечта́тели. Тепе́рь, ми́лая На́стенька, когда́ мы сошли́сь опя́ть по́сле тако́й до́лгой разлу́ки, — потому́ что я вас давно́ уже́ знал, На́стенька, потому́ что я уже́ давно́ кого́-то иска́л, а э́то знак, что я иска́л и́менно вас и что нам бы́ло суждено́ тепе́рь сви́деться. Тепе́рь я до́лжен всё рассказа́ть вам и́ли я задохну́сь. Ита́к, прошу́ не *перебива́ть* меня́, На́стенька, а слу́шать; ина́че — я замолчу́.

— Ни-ни-ни! ника́к! говори́те! Тепе́рь я не скажу́ ни сло́ва.

— Продолжа́ю: есть, друг мой На́стенька, в моём дне оди́н час, кото́рый я о́чень люблю́. Это тот са́мый час, когда́ конча́ются почти́ вся́кие дела́, до́лжности и обяза́тельства и все спеша́т по дома́м пообе́дать, приле́чь отдохну́ть и тут же, в доро́ге, приду́мывают и други́е весёлые те́мы, о ве́чере, но́чи и всего́ оста́вшегося свобо́дного вре́мени. В э́тот час и наш геро́й, — потому́ что уж позво́льте мне, На́стенька, расска́зывать в третье́м лице́, потому́ что в пе́рвом лице́ всё э́то ужа́сно сты́дно расска́зывать, — ита́к, в э́тот час и наш геро́й шага́ет за други́ми. Неравноду́шно смо́трит он на вече́рнюю зарю́, кото́рая ме́дленно га́снет на холо́дном петербу́ргском не́бе. Он дово́лен, потому́ что зако́нчил до за́втра с неинтере́сными для него́ дела́ми, и рад, как шко́льник, кото́рого вы́пустили с кла́ссной скамьи́ к люби́мым и́грам. Вот он о чём-то заду́мался… Вы ду́маете, об обе́де? о сего́дняшнем ве́чере? На что он так смо́трит? На э́того ли господи́на *соли́дной* нару́жности, кото́рый так карти́нно поклони́лся да́ме, прокати́вшейся ми́мо него́ в блестя́щей каре́те? Нет, На́стенька, он тепе́рь уже́ бога́т свое́й осо́бенной жи́знью. Тепе́рь он почти́ не замеча́ет ту доро́гу, по кото́рой пре́жде са́мая ме́лкая ме́лочь могла́ удиви́ть его́. Тепе́рь фанта́зия начала́ изобража́ть пе́ред ним узо́ры необыкнове́нной жи́зни. Попро́буйте останови́ть его́ тепе́рь, спроси́те его́ вдруг: где он тепе́рь стои́т, по каки́м у́лицам шёл? — он наве́рно бы ничего́ не припо́мнил, ни того́, где ходи́л, ни того́, где стоя́л тепе́рь. Вот почему́ он так вздро́гнул, чуть не закрича́л и с испу́гом огляде́лся круго́м, когда́ одна́ нару́шка остановила его́ посреди́ тротуа́ра и ста́ла расспра́шивать о том, как ей дойти́ до ну́жного ме́ста. Он шага́ет да́льше, почти́ не замеча́я, что не́которые прохо́жие улыба́ются, на него́ гля́дя, и что кака́я-нибудь ма́ленькая де́вочка, боязли́во уступи́вшая ему́ доро́гу, гро́мко засмея́лась, посмотре́в на его́ широ́кую мечта́тельную улы́бку и же́сты рука́ми. Наш геро́й вошёл к себе́ в дом, уже́ сел за обе́д, уже́ давно́ пообе́дал и *очну́лся* то́лько тогда́, когда́ заду́мчивая и ве́чно печа́льная Матрёна, кото́рая ему́ прислу́живает, уже́ всё убрала́ со стола́ и подала́ ему́ тру́бку, очну́лся и с удивле́нием вспо́мнил, что он уже́ пообе́дал. В ко́мнате потемне́ло; на душе́ его́ пу́сто и гру́стно; це́лое ца́рство мечта́ний исчеза́ло вокру́г него́, исчеза́ло без следа́, без шу́ма и тре́ска, пронесло́сь, как сновиде́ние, а он и сам не по́мнит, что ему́ *гре́зилось*. Но како́е-то тёмное ощуще́ние, от кото́рого слегка́ заны́ла и волну́ется грудь его́, како́е-то но́вое жела́ние соблазни́тельно щеко́чет и раздража́ет его́ фанта́зию. В ма́ленькой ко́мнате ца́рствуют тишина́, уедине́ние и лень. Вот уже́ и кни́га, взя́тая без це́ли, выпада́ет из рук моего́ мечта́теля, не доше́дшего и до тре́тьей страни́цы. Воображе́ние его́ сно́ва настро́ено, возбуждено́, и вдруг опя́ть но́вый мир, но́вая, очарова́тельная жизнь блесну́ла пе́ред ним в блестя́щей свое́й перспекти́ве. Но́вый сон — но́вое сча́стье! Но́вый приём утончённого, сладостра́стного я́да! О, что ему́ в на́шей действи́тельной жи́зни! На его́ взгляд, мы с ва́ми, На́стенька, живём так лени́во, ме́дленно; на его́ взгляд, мы все так недово́льны на́шей судьбо́й! «Бе́дные!» — ду́мает мой мечта́тель. Да и не удиви́тельно, что ду́мает! Вы спро́сите, мо́жет быть, о чём он мечта́ет? К чему́ э́то спра́шивать! да обо всём… о ро́ли поэ́та, снача́ла не при́знанного, а пото́м знамени́того; о дру́жбе с Го́фманом*; Варфоломе́евская ночь*, Диа́на Ве́рнон*, геро́йская роль при взя́тии Каза́ни Ива́ном Васи́льевичем*, Кла́ра Мо́вбрай*, Евге́ния Денс*, Ми́нна и Бре́нда*, сраже́ние при Березине́*,

Данто́н*, Клеопа́тра e i suoi amanti*, до́мик в Коло́мне*, свой уголо́к, а ря́дом ми́лое созда́ние, кото́рое слу́шает вас в зи́мний ве́чер, раскры́в ро́тик и гла́зки, как слу́шаете вы тепе́рь меня́, мой ма́ленький а́нгел... Нет, На́стенька, что ему́, сладостра́стному лени́вцу, в той жи́зни, в кото́рую нам так хо́чется с ва́ми? он ду́мает, что э́то бе́дная, жа́лкая жизнь, не дога́дываясь, что и для него́, мо́жет быть, когда́-нибудь насту́пит гру́стный час, когда́ он за оди́н день э́той жа́лкой жи́зни отда́ст все свои́ фантасти́ческие го́ды, и ещё не за ра́дость, не за сча́стье отда́ст, и выбира́ть не захо́чет в тот час гру́сти, *раска́яния* и го́ря. Но пока́ ещё не наста́ло оно́, э́то гро́зное вре́мя, — он ничего́ не жела́ет, потому́ что он вы́ше жела́ний, потому́ что он сам худо́жник свое́й жи́зни и твори́т её себе́ ка́ждый час. И ведь так легко́, так натура́льно создаётся э́тот ска́зочный, фантасти́ческий мир! Пра́во, ве́рить гото́в в ину́ю мину́ту, что вся э́та жизнь не *мира́ж*, не обма́н воображе́ния, а что э́то действи́тельное, настоя́щее! Отчего́ же, скажи́те, На́стенька, отчего́ же в таки́е мину́ты каки́м-то волшебство́м ускоря́ется пульс, бры́зжут слёзы из глаз мечта́теля, горя́т его́ бле́дные щёки? Отчего́ же це́лые бессо́нные но́чи прохо́дят как оди́н миг, в бесконча́емом весе́лии? И когда́ рассве́т осве́тит его́ ко́мнату свои́м сомни́тельным фантасти́ческим све́том, как у нас, в Петербу́рге, наш мечта́тель, утомлённый, изму́ченный, броса́ется на посте́ль и засыпа́ет с тако́й томи́тельно-сла́дкой бо́лью в се́рдце? Да, На́стенька, обма́нешься и нево́льно пове́ришь, что страсть настоя́щая, и́стинная волну́ет ду́шу его́, пове́ришь, что есть живо́е в его́ грёзах! И ведь како́й обма́н — вот, наприме́р, любо́вь вошла́ в его́ грудь со всей ра́достью, со все́ми томи́тельными муче́ниями... То́лько взгля́ните на него́ и убеди́тесь! Ве́рите ли вы, на него́ гля́дя, ми́лая На́стенька, что действи́тельно он никогда́ не знал той, кото́рую он так люби́л в свои́х мечта́ниях? Неуже́ли то́лько сни́лась ему́ э́та страсть? Неуже́ли не прошли́ они́ рука́ в ру́ку сто́лько лет свое́й жи́зни — одни́, вдвоём, отбро́сив весь мир и соедини́в ка́ждый свой мир, свою́ жизнь с жи́знью дру́га? Неуже́ли не она́, в по́здний час, когда́ наста́ла разлу́ка, не она́ лежа́ла, рыда́я и тоску́я, на груди́ его́, не слы́ша ве́тра, кото́рый срыва́л и уноси́л слёзы с чёрных ресни́ц её? Неуже́ли всё э́то была́ мечта́ — и э́тот сад, ди́кий, с доро́жками, заро́сшими мхом, уединённый, *угрю́мый*, где они́ так ча́сто ходи́ли вдвоём, наде́ялись, тоскова́ли, люби́ли, люби́ли друг дру́га так до́лго, «так до́лго и не́жно»! И э́тот стра́нный, ста́рый дом, в кото́ром жила́ она́ сто́лько вре́мени уединённо и гру́стно со ста́рым, угрю́мым му́жем? Как они́ му́чились, как боя́лись они́, как неви́нна, чиста́ была́ их любо́вь и как (уж разуме́ется, На́стенька) злы бы́ли лю́ди! И, бо́же мой, неуже́ли не её встре́тил он пото́м, далеко́ от берего́в свое́й ро́дины, под чужи́м не́бом, в удиви́тельном ве́чном го́роде, в бле́ске ба́ла, при гро́ме му́зыки, в *пала́ццо* (непреме́нно в пала́ццо), на э́том балко́не, уви́том ро́зами, где она́, узна́в его́, так поспе́шно сняла́ свою́ ма́ску и, прошепта́в: «Я свобо́дна», задрожа́в, бро́силась в его́ объя́тия, и, вскри́кнув от восто́рга, прижа́вшись друг к дру́гу, они́ в оди́н миг забы́ли и го́ре, и разлу́ку, и все муче́ния, и угрю́мый дом, и старика́, и мра́чный сад на далёкой ро́дине. Бо́же мой! ста́рый граф у́мер, настаёт сча́стье!

Я замолча́л. По́мню, что мне ужа́сно хоте́лось ка́к-нибудь че́рез си́лу захохота́ть, потому́ что я уже́ чу́вствовал, что мне начина́ло захва́тывать го́рло и что всё бо́лее и бо́лее влажне́ли глаза́ мои́… Я ожида́л, что

На́стенька, кото́рая слу́шала меня́, откры́в свои́ у́мные гла́зки, захохо́чет всем свои́м де́тским, весёлым сме́хом, и уже́ жале́л, что рассказа́л то, что уже́ давно́ накипе́ло в моём се́рдце, и тепе́рь не ожида́л, что меня́ пойму́т. Но, к удивле́нию моему́, она́ промолча́ла, слегка́ пожа́ла мне ру́ку и с каки́м-то ро́бким уча́стием спроси́ла:

—Неуже́ли вы так про́жили всю свою́ жизнь?

—Всю жизнь, На́стенька, — отвеча́л я, — всю жизнь, и, ка́жется, так и око́нчу!

—Нет, так нельзя́, — сказа́ла она́ беспоко́йно, — э́того не бу́дет; так, пожа́луй, и я проживу́ всю жизнь во́зле ба́бушки. Послу́шайте, зна́ете, э́то нехорошо́ так жить?

—Зна́ю, На́стенька, зна́ю! — вскрича́л я, не сде́рживая бо́лее своего́ чу́вства. — И тепе́рь зна́ю бо́льше, чем когда́-нибудь, что я потеря́л все свои́ лу́чшие го́ды! Тепе́рь э́то я зна́ю, и чу́вствую, что сам бог посла́л мне вас, моего́ до́брого а́нгела. Тепе́рь, когда́ я сижу́ во́зле вас и говорю́ с ва́ми, мне уже́ и стра́шно поду́мать о бу́дущем, потому́ что в бу́дущем — опя́ть одино́чество, опя́ть э́та нену́жная жизнь. И о чём я бу́ду мечта́ть, когда́ я во́зле вас был так сча́стлив! О, бу́дьте *благослове́нны*, вы, ми́лая де́вушка, за то, что не оттолкну́ли меня́ с пе́рвого ра́за, за то, что уже́ я могу́ сказа́ть, что я жил хотя́ бы два ве́чера в мое́й жи́зни!

—Ох, нет, нет! — закрича́ла На́стенька, и слези́нки заблесте́ли на глаза́х её, — нет, так не бу́дет бо́льше; мы не расста́немся! Что тако́е два ве́чера!

—Ох, На́стенька, На́стенька! зна́ете ли, что уже́ я тепе́рь не бу́ду о себе́ ду́мать так пло́хо, как ду́мал иногда́? Зна́ете ли, что уже́ я, мо́жет быть, не бу́ду бо́лее тоскова́ть о том, что сде́лал преступле́ние и грех в мо́ей жи́зни, потому́ что така́я жизнь есть преступле́ние и грех? Потому́ что мне уже́ начина́ло каза́ться, что я никогда́ не бу́ду спосо́бен нача́ть жить настоя́щей жи́знью. В то вре́мя как слы́шишь, ви́дишь, как живу́т лю́ди, ви́дишь, что жизнь для них не разлети́тся, как сон, как *виде́ние,* что их жизнь ве́чно обновля́ющаяся, ве́чно ю́ная и ка́ждый час её непохо́ж на друго́й. А в то же вре́мя чего́-то друго́го про́сит и хо́чет душа́! Зна́ете ли, На́стенька, я уже́ вы́нужден справля́ть годовщи́ну свои́х ощуще́ний, годовщи́ну того́, что бы́ло пре́жде так ми́ло, чего́ в су́щности никогда́ не быва́ло. Зна́ете ли, что я люблю́ тепе́рь вспо́мнить и посети́ть в изве́стный срок те места́, где был сча́стлив когда́-то. Я ча́сто брожу́ как тень, без нужды́ и без це́ли, *уны́ло* и гру́стно по петербу́ргским у́лицам. Каки́е воспомина́ния! Припомина́ется, наприме́р, что вот здесь год тому́ наза́д, в э́то же вре́мя, в э́тот же час, по э́тому же тротуа́ру броди́л та́к же одино́ко, та́к же уны́ло, как и тепе́рь! И припомина́ешь, что и тогда́ мечты́ бы́ли грустны́, и хоть и пре́жде бы́ло не лу́чше, но всё ка́к-то чу́вствуешь, что как бу́дто и ле́гче, и споко́йнее бы́ло жить, что не́ было э́тих мра́чных, угрю́мых мы́слей, кото́рые ни днём, ни но́чью тепе́рь не даю́т поко́я. И спра́шиваешь себя́: где же мечты́ твои́? и пока́чиваешь голово́й, говори́шь: как бы́стро летя́т го́ды! И опя́ть спра́шиваешь себя́: что же ты сде́лал со свои́ми года́ми? Ты жил и́ли нет? Ещё пройду́т го́ды, и за ни́ми придёт угрю́мое одино́чество, придёт ста́рость, а за ни́ми тоска́ и уны́ние. О, На́стенька! Ведь гру́стно бу́дет остава́ться одному́, одному́ соверше́нно, и да́же не име́ть чего́ пожале́ть — ничего́… потому́ что всё, что потеря́л-то, всё э́то, всё бы́ло ничто́, глу́пый, кру́глый нуль, бы́ло одно́ лишь мечта́ние!

—Тепе́рь мы бу́дем вдвоём, мы никогда́ не расста́немся, — проговори́ла На́стенька, утира́я слези́нку. — Послу́шайте. Я проста́я де́вушка, я ма́ло учи́лась, хотя́ мне ба́бушка и нанима́ла учи́теля; но, пра́во, я вас понима́ю, потому́ что всё, что вы мне пересказа́ли тепе́рь, я уже́ сама́ прожила́, когда́ ба́бушка меня́ приколо́ла к пла́тью. Коне́чно, я бы так не рассказа́ла хорошо́, как вы рассказа́ли, я не учи́лась, — ро́бко приба́вила она́, потому́ что всё ещё чу́вствовала како́е-то уваже́ние к мое́й ре́чи, — но я о́чень ра́да, что вы откры́лись мне. Тепе́рь я вас зна́ю. И зна́ете что? я вам хочу́ рассказа́ть и свою́ исто́рию, а вы мне по́сле э́того дади́те сове́т. Вы о́чень у́мный челове́к; обеща́ете ли вы, что вы дади́те мне э́тот сове́т?

—Ах, На́стенька, — отвеча́л я, — я хоть и никогда́ не́ был сове́тником, и тем бо́лее у́мным сове́тником, но тепе́рь ви́жу, что е́сли мы всегда́ бу́дем так жить, то э́то бу́дет как-то о́чень умно́, и ка́ждый друг дру́гу даст мно́го у́мных сове́тов! Ну, хоро́шенькая моя́ На́стенька, како́й же вам сове́т? Говори́те; я тепе́рь так ве́сел, сча́стлив, смел и умён.

—Нет, нет! — переби́ла На́стенька, засмея́вшись, — мне ну́жен не оди́н у́мный сове́т, мне ну́жен сове́т серде́чный, бра́тский!

—Хорошо́, На́стенька, хорошо́! — закрича́л я в *восто́рге*, — и е́сли бы я уже́ два́дцать лет вас люби́л, то всё-таки не люби́л бы сильне́е, чем тепе́рь!

—Ру́ку ва́шу! — сказа́ла На́стенька.

—Вот она́! — отвеча́л я, подава́я ей ру́ку.

—Ита́к, начнём мою́ исто́рию!

Исто́рия На́стеньки

—Полови́ну исто́рии вы уже́ зна́ете, то есть вы зна́ете, что у меня́ есть ста́рая ба́бушка...

—Если друга́я полови́на та́к же коротка́, как и э́та... — переби́л я, засмея́вшись.

—Молчи́те и слу́шайте. Пре́жде всего́ угово́р: не перебива́ть меня́. Ну, слу́шайте же.

Есть у меня́ ста́рая ба́бушка. Я к ней попа́ла ещё о́чень ма́ленькой де́вочкой, потому́ что у меня́ у́мерли и мать, и оте́ц. Наве́рное, ба́бушка была́ ра́ньше бога́че, потому́ что и тепе́рь вспомина́ет о лу́чших днях. Она́ же меня́ вы́учила францу́зскому языку́ и пото́м наняла́ мне учи́теля. Когда́ мне бы́ло пятна́дцать лет (а тепе́рь мне семна́дцать), учи́ться мы зако́нчили. Вот в э́то вре́мя я и нашали́ла; уж что я сде́лала — я вам не скажу́; доста́точно того́, что *просту́пок* был небольшо́й. То́лько ба́бушка подозвала́ меня́ к себе́ в одно́ у́тро и сказа́ла, что так как она́ слепа́, то за мной не усмо́трит, взяла́ була́вку и приколо́ла моё пла́тье к своему́, да тут и сказа́ла, что так мы бу́дем всю жизнь сиде́ть, е́сли, разуме́ется, я не сде́лаюсь лу́чше. Одни́м сло́вом, в пе́рвое вре́мя отойти́ ника́к нельзя́ бы́ло: и рабо́тай, и чита́й, и учи́сь — всё ря́дом с ба́бушкой. Я попро́бовала схитри́ть оди́н раз и уговори́ла сесть на моё ме́сто Фёклу. Фёкла — на́ша рабо́тница, она́ глуха́я. Фёкла се́ла вме́сто меня́; ба́бушка в э́то вре́мя засну́ла в кре́сле, а я отпра́вилась недалеко́ к подру́ге. Ну, пло́хо и ко́нчилось. Ба́бушка без меня́ проснýлась и о чём-то спроси́ла, ду́мая, что я сижу́ ря́дом. Фёкла ви́дит, что ба́бушка спра́шивает, а сама́ не слы́шит про что, ду́мала, ду́мала, что ей де́лать, *отстегну́ла* була́вку да и убежа́ла…

Тут На́стенька останови́лась и начала́ *хохота́ть*. Я засмея́лся вме́сте с ней. Она́ сра́зу же переста́ла.

—Послу́шайте, вы не сме́йтесь над ба́бушкой. Это я смею́сь, оттого́ что смешно́… Что же де́лать, когда́ ба́бушка така́я, но я её всё-таки немно́жко люблю́. Ну, да тогда́ и доста́лось мне: то́тчас меня́ опя́ть посади́ли на ме́сто и уже́ шевельну́ться бы́ло нельзя́.

Я вам ещё забы́ла сказа́ть, что у нас, то́ есть у ба́бушки, свой ма́ленький до́мик, деревя́нный и тако́й же ста́рый, как ба́бушка; а наверху́ мезони́н*; вот и перее́хал к нам в мезони́н но́вый жиле́ц...

— Зна́чит, был и ста́рый жиле́ц? — спроси́л я.

— Коне́чно, был, — отвеча́ла На́стенька, — и кото́рый уме́л молча́ть лу́чше вас. Это был старичо́к, немо́й, слепо́й, хромо́й, так что наконе́ц ему́ ста́ло нельзя́ жить на све́те, он и у́мер; а зате́м и пона́добился но́вый жиле́ц, потому́ что нам без жильца́ жить нельзя́: э́то с ба́бушкиным пенсио́ном почти́ весь наш дохо́д. Но́вый жиле́ц был молодо́й челове́к, прие́зжий. Ба́бушка пусти́ла его́, а пото́м и спра́шивает: «Что, На́стенька, наш жиле́ц молодо́й и́ли нет?» Я солга́ть не хоте́ла: «Так, говорю́, ба́бушка, не совсе́м молодо́й, но и не стари́к». «Ну, и прия́тной вне́шности?» — спра́шивает ба́бушка.

Я опя́ть лгать не хочу́. «Да, прия́тной, говорю́, вне́шности, ба́бушка!» А ба́бушка говори́т: «Ах! наказа́нье, наказа́нье! Я э́то, вну́чка, тебе́ для того́ говорю́, чтоб ты на него́ не засма́тривалась».

Вот я сижу́ и молчу́, а про себя́ ду́маю: что же э́то ба́бушка сама́ меня́ спра́шивает, хоро́ш ли, мо́лод ли жиле́ц? Да то́лько так, то́лько поду́мала, и тут же ста́ла опя́ть пе́тли счита́ть, чуло́к вяза́ть, а пото́м совсе́м забы́ла.

Вот оди́н раз у́тром к нам прихо́дит жиле́ц и говори́т, что ему́ ко́мнату обеща́ли обо́ями окле́ить. Ба́бушка мне сказа́ла: «Сходи́, На́стенька, ко мне в спа́льню, принеси́ счёты». Я то́тчас же вскочи́ла, вся, не зна́ю отчего́, покрасне́ла, да и забы́ла, что сижу́ прико́лотая; мне бы тихо́нько отстегну́ть, что́бы жиле́ц не ви́дел, — а я рвану́лась так, что ба́бушкино кре́сло поехало. Как я уви́дела, что жиле́ц всё тепе́рь узна́л про меня́, покрасне́ла, вста́ла на ме́сте и вдруг запла́кала, — так сты́дно и го́рько ста́ло в э́ту мину́ту! Ба́бушка кричи́т: «Что же ты стои́шь?» — а я ещё бо́льше… Жиле́ц, как уви́дел, уви́дел, что мне его́ сты́дно ста́ло, прости́лся и сра́зу ушёл!

С тех пор я, как то́лько слы́шу шум в сеня́х*, ду́маю, жиле́ц идёт, и потихо́ньку отстёгиваю була́вку. То́лько всё был не он, не приходи́л. Прошло́ две неде́ли; жиле́ц и присыла́ет сказа́ть с Фёклой, что у него́ книг мно́го францу́зских и что все хоро́шие книги, так что мо́жно чита́ть; так не хо́чет ли ба́бушка, что́бы я их ей почита́ла, что́бы не́ было ску́чно? Ба́бушка согласи́лась с благода́рностью, то́лько всё спра́шивала, нра́вственные кни́ги и́ли нет, потому́ что е́сли кни́ги безнра́вственные, так тебе́, говори́т, На́стенька, чита́ть нельзя́, ты дурно́му нау́чишься.

—А чему́ же научу́сь, ба́бушка? Что там напи́сано?

—А! говори́т, напи́сано в них, как молоды́е лю́ди *соблазня́ют* деви́ц, как они́, под предло́гом того́, что хотя́т их взять за́муж, уво́зят их из до́ма роди́тельского, как пото́м оставля́ют э́тих несча́стных деви́ц, и они́ погиба́ют са́мым плаче́вным о́бразом. Я, — говори́т ба́бушка, — мно́го таки́х кни́жек чита́ла, и всё, говори́т, так прекра́сно опи́сано, что ночь сиди́шь, тихо́нько чита́ешь. Так ты, говори́т, На́стенька, смотри́, их не чита́й. Каки́х э́то, говори́т, он книг присла́л?

—Ва́льтера Ско́тта* рома́ны, ба́бушка.

—Ва́льтера Ско́тта рома́ны! А посмотри́-ка, не положи́л ли он в них како́й-нибудь любо́вной запи́сочки?

—Нет, говорю́, ба́бушка, нет запи́ски.

—Да ты под переплётом посмотри́; они́ иногда́ туда́ закла́дывают!..

—Нет, ба́бушка, и под переплётом нет ничего́.

—Ну, хорошо́!

Вот мы и на́чали чита́ть Ва́льтер-Ско́тта и за ме́сяц почти́ полови́ну прочли́. Пото́м он ещё и ещё присыла́л, Пу́шкина присыла́л, так что наконе́ц я без книг и быть не могла́ и переста́ла ду́мать, как бы вы́йти за́муж за кита́йского при́нца.

Но одна́жды я встре́тилась с на́шим жильцо́м на ле́стнице. Ба́бушка за че́м-то посла́ла меня́. Он останови́лся, я покрасне́ла, и он покрасне́л; одна́ко засмея́лся, поздоро́вался, о ба́бушкином здоро́вье спроси́л и говори́т: «Вы кни́ги прочли́?» Я отвеча́ла: «Прочла́». «Что же вам бо́льше понра́вилось?» Я и говорю́: «“Ива́нгое”* да Пу́шкин бо́льше всех понра́вились».

Че́рез неде́лю я его́ опя́ть встре́тила на ле́стнице. Был тре́тий час, а жиле́ц в э́то вре́мя домо́й приходи́л. «Здра́вствуйте!» — говори́т. Я ему́: «Здра́вствуйте!»

— А что, говори́т, вам не ску́чно це́лый день сиде́ть вме́сте с ба́бушкой?

Как он э́то у меня́ спроси́л, я, уж не зна́ю отчего́, покрасне́ла, застыди́лась, и опя́ть мне ста́ло оби́дно, ви́дно оттого́, что уж други́е про э́то де́ло расспра́шивать ста́ли.

— Послу́шайте, говори́т, вы до́брая де́вушка! Извини́те, что я с ва́ми так говорю́, но я вам лу́чше ба́бушки ва́шей жела́ю добра́. У вас подру́г нет никаки́х, к кото́рым бы мо́жно бы́ло в го́сти пойти́?

Я говорю́, что никаки́х, что была́ одна́, Ма́шенька, да и та в Псков* уе́хала.

— Послу́шайте, говори́т, хоти́те со мно́ю в теа́тр пое́хать?

— В теа́тр? а как же ба́бушка?

— Да вы, говори́т, не расска́зывайте ба́бушке…

— Нет, говорю́, я ба́бушку обма́нывать не хочу́. Проща́йте!

— Ну, проща́йте, говори́т, а сам ничего́ не сказа́л.

То́лько по́сле обе́да прихо́дит он к нам; сел, до́лго говори́л с ба́бушкой, расспра́шивал, е́здит ли она́ куда́-нибудь, есть ли знако́мые, — да вдруг и говори́т: «А сего́дня я биле́т взял в о́перу; на “Севи́льского цирю́льника*”, знако́мые е́хать хоте́ли, да пото́м отказа́лись, у меня́ и оста́лся биле́т».

— «Севи́льского цирю́льника»! — закрича́ла ба́бушка, — да э́то тот са́мый «Цирю́льник», кото́рого я в старину́ слу́шала?

— Да, говори́т, э́то тот са́мый «Цирю́льник», — да и взгляну́л на меня́. А я уж всё поняла́, покрасне́ла, и у меня́ се́рдце от ожида́ния запры́гало!

— Да как же, — говори́т ба́бушка, — зна́ю. Я сама́ в старину́ в дома́шнем теа́тре Рози́ну* игра́ла!

— Так не хоти́те ли е́хать сего́дня? — сказа́л жиле́ц.

— Да, пожа́луй, пое́дем, говори́т ба́бушка. У меня́ На́стенька в теа́тре никогда́ не была́.

Бо́же мой, кака́я ра́дость! То́тчас же мы собрали́сь и пое́хали. Ба́бушка хоть и слепа́, а всё-таки ей хоте́лось му́зыку слу́шать, да, кро́ме того́, она́ стару́шка до́брая: бо́льше меня́ повесели́ть хоте́ла, са́ми-то мы никогда́ бы не собрали́сь. Уж како́е бы́ло впечатле́ние от «Севи́льского цирю́льника», я вам не скажу́, то́лько весь э́тот ве́чер жиле́ц наш так хорошо́ смотре́л на меня́, так хорошо́ говори́л, что я то́тчас уви́дела, что он меня́ хоте́л испыта́ть у́тром, предложи́в, что́бы я одна́ с ним пое́хала. Ну, ра́дость кака́я! Спать я легла́ така́я го́рдая, така́я весёлая, так се́рдце би́лось, и я всю ночь бре́дила о «Севи́льском цирю́льнике».

Я ду́мала, что по́сле э́того он бу́дет заходи́ть ча́ще и ча́ще, — но нет. Он почти́ совсе́м переста́л. Так, оди́н раз в ме́сяц зайдёт, и то то́лько для того́, что́бы в теа́тр пригласи́ть. Ра́за два мы опя́ть съе́здили. То́лько уж э́тим я была́ совсе́м недово́льна. Я ви́дела, что ему́ про́сто жа́лко бы́ло меня́. Да́льше и да́льше, и нашло́ на меня́: и сиде́ть-то я не сижу́, и чита́ть-то я не чита́ю, и рабо́тать не рабо́таю, иногда́ смею́сь и ба́бушке что́-нибудь назло́ де́лаю, друго́й раз про́сто пла́чу. Наконе́ц, я похуде́ла и чуть бы́ло не ста́ла больна́. Оперный сезо́н прошёл, и жиле́ц к нам совсе́м переста́л заходи́ть; когда́ же мы встреча́лись — всё на то́й же ле́стнице, — он так мо́лча покло́нится, так серьёзно, как бу́дто и говори́ть не хо́чет.

Ро́вно год наза́д, в ма́е ме́сяце, жиле́ц к нам прихо́дит и говори́т ба́бушке, что ему́ ну́жно уе́хать на год в Москву́. Я, как услы́шала, побледне́ла и упа́ла на стул как мёртвая. Ба́бушка ничего́ не заме́тила, а он, объяви́в, что уезжа́ет от нас, поклони́лся нам и ушёл.

Что мне де́лать? Я ду́мала-ду́мала, тоскова́ла-тоскова́ла, да наконе́ц и реши́лась. За́втра ему́ уезжа́ть, а я реши́ла, что всё ко́нчу ве́чером, когда́ ба́бушка уйдёт спать. Так и случи́лось. Я собрала́ пла́тья, бельё и пошла́ в мезони́н к на́шему жильцу́. Ду́маю, я шла це́лый час по ле́стнице. Когда́ же откры́ла к нему́ дверь, он так и вскри́кнул, на меня́ гля́дя. Он ду́мал, что я *привиде́ние*, и бро́сился мне воды́ пода́ть, потому́ что я едва́ стоя́ла на нога́х. Се́рдце так би́лось, что в голове́ бо́льно бы́ло, и ра́зум мой помути́лся*. Когда́ же я очну́лась, то начала́ с того́, что положи́ла свои́ ве́щи к нему́ на посте́ль, сама́ се́ла ря́дом, закры́лась рука́ми и си́льно запла́кала. Он, ка́жется, сра́зу всё по́нял и стоя́л пе́редо мной бле́дный и так гру́стно гляде́л на меня́.

— Послу́шайте, — на́чал он, — послу́шайте, На́стенька, я ничего́ не могу́; я челове́к бе́дный; у меня́ пока́ нет ничего́; как же мы бу́дем жить, е́сли бы я и жени́лся на вас?

Мы до́лго говори́ли, но я наконе́ц сказа́ла, что не могу́ жить у ба́бушки, что убегу́ от неё, что не хочу́, что́бы меня́ була́вкой прика́лывали, и что я пое́ду с ним в Москву́, потому́ что без него́ жить не могу́. И стыд, и любо́вь, и го́рдость — всё сра́зу говори́ло во мне, и я чуть не в *су́дорогах* упа́ла на посте́ль. Я так боя́лась отка́за!

Он не́сколько мину́т сиде́л мо́лча, пото́м встал, подошёл ко мне и взял меня́ за́ руку.

—Послу́шайте, моя́ добра́я, моя́ ми́лая На́стенька! — на́чал он то́же сквозь слёзы, — послу́шайте. Кляну́сь вам, что е́сли когда́-нибудь я смогу́ жени́ться, то непреме́нно на вас. Слу́шайте: я е́ду в Москву́ и пробу́ду там ро́вно год. Когда́ верну́сь, и е́сли вы меня́ не разлю́бите, кляну́сь вам, мы бу́дем сча́стливы. Тепе́рь же невозмо́жно, я не могу́, я не впра́ве хоть что́-нибудь обеща́ть. Но, повторя́ю, е́сли че́рез год э́то не сде́лается, то хоть когда́-нибудь обяза́тельно бу́дет; разуме́ется — в том слу́чае, е́сли вы не *предпочтёте* мне друго́го, потому́ что свя́зывать вас каки́м-нибудь сло́вом я не могу́ и не сме́ю.

Вот что он сказа́л мне и наза́втра уе́хал. Мы договори́лись ба́бушке не говори́ть об э́том ни сло́ва. Так он захоте́л. Ну, вот тепе́рь почти́ и ко́нчена вся моя́ исто́рия. Прошёл ро́вно год. Он прие́хал, он уже́ здесь це́лые три дня и, и...

—И что же? — закрича́л я в нетерпе́нии услы́шать коне́ц.

—И до сих пор не явля́лся! — отвеча́ла На́стенька.

Тут она́ останови́лась, помолча́ла немно́го, опусти́ла го́лову и вдруг, закры́вшись рука́ми, *зарыда́ла* так, что во мне се́рдце переверну́лось от э́тих рыда́ний.

Я ника́к не ожида́л тако́го конца́.

—На́стенька! — на́чал я ро́бким го́лосом, — На́стенька! пожа́луйста, не пла́чьте! Отку́да вы зна́ете? мо́жет быть, его́ ещё нет...

—Здесь, здесь! — сказа́ла На́стенька. — Он здесь, я э́то зна́ю. Мы договори́лись, тогда́ ещё, в тот ве́чер, накану́не отъе́зда. Когда́ уже́ мы сказа́ли всё, что я вам пересказа́ла, мы вы́шли сюда́ гуля́ть, и́менно на э́ту на́бережную. Бы́ло де́сять часо́в; мы сиде́ли на э́той скаме́йке; я уже́ не пла́кала, мне бы́ло сла́дко слу́шать то, что он говори́л... Он сказа́л, что сра́зу по́сле прие́зда придёт к нам и е́сли я не откажу́сь от него́, то мы ска́жем обо всём ба́бушке. Тепе́рь он прие́хал, я э́то зна́ю, и его́ нет, нет!

И она́ сно́ва запла́кала.

—Бо́же мой! Да ра́зве ника́к нельзя́ помо́чь го́рю? — закрича́л я, вскочи́в со скаме́йки. — Скажи́те, На́стенька, мо́жет быть, я схожу́ к нему́?..

—Ра́зве э́то возмо́жно? — сказа́ла она́, вдруг подня́в го́лову.

—Нет, разуме́ется, нет! — заме́тил я. — А вот что: напиши́те письмо́.

—Нет, э́то невозмо́жно, э́то нельзя́! — отвеча́ла она́ реши́тельно.

—Как нельзя́? почему́ нельзя́? — продолжа́л я. — Дове́рьтесь мне, На́стенька, дове́рьтесь! Я вам не дам дурно́го сове́та. Вы же на́чали пе́рвый шаг — отчего́ же тепе́рь...

—Нельзя́, нельзя́! Тогда́ я как бу́дто *навя́зываюсь*...

—Ах, до́бренькая моя́ На́стенька! — переби́л я, не скрыва́я улы́бки, — нет же, нет; он же вам обеща́л. Да и по всему́ я ви́жу, что он челове́к делика́тный, что он поступи́л хорошо́, — продолжа́л я. — Он сказа́л, что ни на ком не же́нится, кро́ме вас, е́сли то́лько же́нится; вам же он оста́вил по́лную свобо́ду хоть сейча́с от него́ отказа́ться… В тако́м слу́чае вы мо́жете сде́лать пе́рвый шаг, вы име́ете пра́во, вы име́ете пе́ред ним преиму́щество, хотя́ бы, наприме́р, е́сли бы захоте́ли освободи́ть его́ от да́нного вам сло́ва…

—Послу́шайте, вы как бы написа́ли?

—Что?

—Да э́то письмо́.

—Я бы вот как написа́л: «Ми́лостивый госуда́рь*…»

—Это так обяза́тельно ну́жно — ми́лостивый госуда́рь?

—Да! Впро́чем, отчего́ же? я ду́маю…

—Ну, ну! да́льше!

—«Ми́лости́вый госуда́рь!

Извини́те, что я…» Хотя́, нет, не ну́жно никаки́х извине́ний! Тут сам факт всё опра́вдывает, пиши́те про́сто:

«Я пишу́ к вам. Прости́те мне моё нетерпе́ние; но я це́лый год была́ сча́стлива наде́ждой. Тепе́рь, когда́ уже́ вы прие́хали, мо́жет быть, вы уже́ измени́ли свои́ наме́рения. Тогда́ э́то письмо́ ска́жет вам, что я не обвиня́ю вас. Я не обвиня́ю вас за то, что не вла́стна над ва́шим се́рдцем; такова́ уж судьба́ моя́!

Вы благоро́дный челове́к. Вы не улыбнётесь, что я так нетерпели́ва. Вспо́мните, что пи́шет вам бе́дная де́вушка, что она́ одна́, что не́кому ни научи́ть её, ни посове́товать ей и что она́ никогда́ не уме́ла сама́ спра́виться со свои́м се́рдцем. Но прости́те меня́, что в мое́й душе́ хоть на оди́н миг появи́лось сомне́ние. Вы не спосо́бны да́же и мы́сленно оби́деть ту, кото́рая вас так люби́ла и лю́бит».

—Да, да! э́то то́чно так, как я ду́мала! — закрича́ла На́стенька, и ра́дость засия́ла в глаза́х её. — О! вы разреши́ли мои́ сомне́ния, вас мне сам бог посла́л! Благодарю́, благодарю́ вас!

—За что? за то, что меня́ бог посла́л? — отвеча́л я, гля́дя в восто́рге на её ра́достное ли́чико.

—Да, хотя́ бы за то.

—Ах, На́стенька! Ведь благодари́м же мы други́х люде́й за то, что они́ живу́т вме́сте с на́ми. Я благодарю́ вас за то, что вы мне встре́тились, за то, что це́лый век мой бу́ду вас по́мнить!

—Ну, хорошо́, хорошо́! А тепе́рь вот что, слу́шайте: тогда́ мы договори́лись, что как то́лько прие́дет он, так сра́зу оста́вит мне письмо́ в одно́м ме́сте, у одни́х мои́х знако́мых, до́брых и просты́х люде́й, кото́рые ничего́ об э́том не зна́ют. Или е́сли нельзя́ бу́дет написа́ть ко мне письма́, потому́ что в письме́ не всегда́ всё расска́жешь, то он в тот же день, как прие́дет, бу́дет здесь ро́вно в де́сять часо́в, где мы и договори́лись с ним встре́титься. О прие́зде его́ я уже́ зна́ю; но вот уже́ тре́тий день нет ни письма́, ни его́. Уйти́ мне от ба́бушки у́тром ника́к нельзя́. Отда́йте письмо́ моё за́втра вы са́ми тем до́брым лю́дям, о кото́рых я вам говори́ла: они́ уже́ перешлю́т; а е́сли бу́дет отве́т, то са́ми вы принесёте его́ ве́чером в де́сять часо́в.

—Но письмо́, письмо́! Ведь пре́жде ну́жно письмо́ написа́ть! Так ра́зве послеза́втра всё э́то бу́дет.

—Письмо́... — отвеча́ла На́стенька, — письмо́... но...

Но она́ не договори́ла. Она́ снача́ла отверну́ла от меня́ своё ли́чико, покрасне́ла, как ро́за, и вдруг я почу́вствовал в мое́й руке́ письмо́, по-ви́димому уже́ давно́ напи́санное и запеча́танное. Како́е-то знако́мое, ми́лое воспомина́ние пронесло́сь в мое́й голове́!

—R, o — Ro, s, i — si, n, a — na*, — на́чал я.

— Rosina! — запе́ли мы о́ба, я, чуть не обнима́я её от восто́рга, она́, покрасне́в, как то́лько могла́ покрасне́ть, и смея́сь сквозь слёзы, кото́рые, как жемчу́жинки, дрожа́ли на её чёрных ресни́цах.

— Ну, проща́йте тепе́рь! — сказа́ла она́ бы́стро. — Вот вам письмо́, вот и а́дрес, куда́ отнести́ его́. Проща́йте! до свида́ния! до за́втра!

Она́ кре́пко сжа́ла мне о́бе руки́, кивну́ла голово́й и скры́лась в своём переу́лке. Я до́лго стоя́л на ме́сте, провожа́я её глаза́ми.

Ночь тре́тья

Сего́дня был день печа́льный, дождли́вый, как бу́дто бу́дущая ста́рость моя́.

Сего́дня мы не уви́димся. Вчера́, когда́ мы проща́лись, облака́ ста́ли закрыва́ть не́бо и подыма́лся тума́н. Я сказа́л, что за́втра бу́дет дурно́й день, она́ не отвеча́ла; для неё э́тот день и све́тел и я́сен, и ни одна́ ту́чка не уме́ньшит её сча́стья.

— Если бу́дет дождь, мы не уви́димся! — сказа́ла она́. — Я не приду́.

Я ду́мал, что она́ и не заме́тила сего́дняшнего дождя́, но не пришла́.

Вчера́ бы́ло на́ше тре́тье свида́нье, на́ша тре́тья бе́лая ночь…

Одна́ко, как ра́дость и сча́стье де́лают челове́ка прекра́сным! Вчера́ в её слова́х бы́ло сто́лько доброты́ ко мне в се́рдце… О, ско́лько *коке́тства* от сча́стья! А я… Я принима́л всё за пра́вду; я ду́мал, что она́…

Но, бо́же мой, как же мог я э́то ду́мать? как же мог я быть так слеп, когда́ уже́ всё взя́то други́м, всё не моё. Когда́, наконе́ц, да́же э́та са́мая не́жность её, её забо́та, её любо́вь… да, любо́вь ко мне, — была́ не что ино́е, как ра́дость о ско́ром свида́нии с други́м... Когда́ он не пришёл, когда́ мы прожда́ли напра́сно, она́ же испуга́лась и стру́сила. Все движе́ния её, все слова́ её уже́ ста́ли не так легки́ и весе́лы́. Моя́ На́стенька так перепуга́лась, что, ка́жется, поняла́, наконе́ц, что я люблю́ её, и сжа́лилась над мое́й бе́дной любо́вью...

Я пришёл к ней с по́лным се́рдцем и едва́ дожда́лся свида́ния. Я не предчу́вствовал того́, что бу́ду тепе́рь ощуща́ть, не предчу́вствовал, что всё э́то не так ко́нчится. Она́ сия́ла ра́достью, она́ ожида́ла отве́та. Отве́т был он сам. Он до́лжен был прийти́, прибежа́ть на её *зов*. Она́ пришла́ ра́ньше меня́ на це́лый час. Снача́ла она́ всему́ ра́довалась и хохота́ла. Я на́чал говори́ть и замолча́л.

—Зна́ете, отчего́ я так ра́да? — сказа́ла она́, — так ра́да на вас смотре́ть? так люблю́ вас сего́дня?

—Ну? — спроси́л я, и се́рдце моё задрожа́ло.

—Я оттого́ люблю́ вас, что вы не влюби́лись в меня́, вы тако́й ми́лый!

Тут она́ так сжа́ла мою́ ру́ку, что я чуть не закрича́л. Она́ засмея́лась.

—Бо́же! како́й вы друг! — начала́ она́ че́рез мину́ту о́чень серьёзно. — Да вас бог мне посла́л! Ну, что бы со мной бы́ло, е́сли бы вас со мной тепе́рь не́ было? Како́й вы бескоры́стный! Как хорошо́ вы меня́ лю́бите! Когда́ я вы́йду за́муж, мы бу́дем о́чень дружны́, бо́льше чем как бра́тья. Я бу́ду вас люби́ть почти́ так, как его́...

Мне ста́ло как-то ужа́сно гру́стно в э́то мгнове́ние; одна́ко что-то похо́жее на смех зашевели́лось в душе́ моей.

—Вы бои́тесь, — сказа́л я, — вы ду́маете, что он не придёт.

—Бог с ва́ми! — отвеча́ла она́, — е́сли б я была́ ме́ньше сча́стлива, я бы, ка́жется, запла́кала от ва́шего неве́рия, от ва́ших упрёков, но призна́юсь вам, пра́вду вы говори́те. Да! я вся в ожида́нии...

В э́то вре́мя послы́шались шаги́, и в темноте́ показа́лся прохо́жий, кото́рый шёл к нам навстре́чу. Мы о́ба задрожа́ли; она́ чуть не вскри́кнула. Я опусти́л её ру́ку и сде́лал жест, как бу́дто хоте́л отойти́. Но э́то был не он.

— Чего́ вы бои́тесь? Заче́м вы бро́сили мою́ ру́ку? — сказа́ла она́, подава́я мне её опя́ть. — Ну, что же? мы встре́тим его́ вме́сте. Я хочу́, что́бы он ви́дел, как мы лю́бим друг дру́га.

— Как мы лю́бим друг дру́га! — закрича́л я.

«О На́стенька, На́стенька! — поду́мал я, — как э́тим сло́вом ты мно́го сказа́ла! От тако́й любви́, На́стенька, холоде́ет на се́рдце и стано́вится тяжело́ на душе́. Твоя́ рука́ холо́дная, моя́ горя́чая как ого́нь. Кака́я слепа́я ты, На́стенька!.. Но я не мог на тебя́ рассерди́ться!..»

Наконе́ц се́рдце моё перепо́лнилось.

— Послу́шайте, На́стенька! — закрича́л я, — зна́ете ли, что со мной бы́ло весь день?

— Ну что, что тако́е? расска́зывайте скоре́е! Что же вы молча́ли!

— Во-пе́рвых, На́стенька, когда́ я испо́лнил все ва́ши поруче́ния, о́тдал письмо́, был у ва́ших до́брых люде́й, пото́м... пото́м я пришёл домо́й и лёг спать.

— И то́лько? — она́ засмея́лась.

— Да, почти́ то́лько, — отвеча́л я, и в глаза́х мои́х уже́ появи́лись глу́пые слёзы. — Я просну́лся за час до на́шего свида́ния, но как бу́дто и не спал. Не зна́ю, что бы́ло со мно́ю. Я шёл, что́бы вам э́то всё рассказа́ть, как бу́дто вре́мя для меня́ останови́лось, как бу́дто одна́ мину́та должна́ была́ продолжа́ться це́лую ве́чность и сло́вно вся жизнь останови́лась для меня́... Когда́ я просну́лся, мне каза́лось, что како́й-то музыка́льный моти́в, давно́ знако́мый, тепе́рь вспомина́лся мне.

— Ах, бо́же мой, бо́же мой! — переби́ла На́стенька, — я не понима́ю ни сло́ва.

— Ах, На́стенька! мне хоте́лось как-нибудь переда́ть вам э́то стра́нное впечатле́ние... — на́чал я жа́лобным го́лосом, в кото́ром скрыва́лась ещё сла́бая наде́жда.

— Ну хва́тит, переста́ньте! — заговори́ла она́, и в оди́н миг она́ догада́лась!

Она́ взяла́ меня́ по́д руку, смея́лась, хоте́ла, что́бы и я то́же смея́лся, и ка́ждое смущённое сло́во моё отзыва́лось в ней таки́м зво́нким, таки́м до́лгим сме́хом... Я начина́л серди́ться, она́ вдруг ста́ла коке́тничать.

— Послу́шайте, — начала́ она́, — а ведь мне немно́жко оби́дно, что вы не влюби́лись в меня́.

— Слу́шайте! Это оди́ннадцать часо́в, ка́жется? — сказа́л я, когда́ ме́рный звук ко́локола загуде́л с отдалённой городско́й ба́шни. Она́ вдруг останови́лась, переста́ла смея́ться и начала́ счита́ть.

— Да, оди́ннадцать, — сказа́ла она́ наконе́ц ро́бким, нереши́тельным го́лосом.

Я пожале́л, что напуга́л её, заста́вил счита́ть часы́. Мне ста́ло за неё гру́стно. Я на́чал её успока́ивать, иска́л причи́ны его́ отсу́тствия. Никого́ нельзя́ бы́ло ле́гче обману́ть, как её в э́ту мину́ту, да и вся́кий в э́ту мину́ту ра́дуется, е́сли есть хотя́ бы како́е-то оправда́ние.

— Вы поду́майте: он мог то́лько неда́вно получи́ть письмо́, и́ли он не мо́жет прийти́, и́ли он тепе́рь бу́дет отвеча́ть, и письмо́ придёт за́втра. Я за ним ра́но у́тром схожу́ и сра́зу же вы узна́ете об э́том. Возмо́жно, его́ не́ было до́ма, когда́ пришло́ письмо́, и он, мо́жет быть, его́ и до сих пор не чита́л? Ведь всё мо́жет случи́ться.

— Да, да! — отвеча́ла На́стенька, — я и не поду́мала; коне́чно, всё мо́жет случи́ться. Вот что вы сде́лайте, — продолжа́ла она́, — вы иди́те за́втра ра́но и, е́сли полу́чите что́-нибудь, сообщи́те мне. Вы ведь зна́ете, где я живу́? — И она́ начала́ повторя́ть мне свой а́дрес.

Пото́м она́ вдруг ста́ла так нежна́ со мно́ю… Она́, каза́лось, слу́шала внима́тельно, что я ей говори́л; но когда́ я обрати́лся к ней с каки́м-то вопро́сом, она́ промолча́ла и отверну́ла от меня́ го́ловку. Я загляну́л ей в глаза́ — она́ пла́кала.

— Ну, мо́жно ли, мо́жно ли? Ах, како́е вы дитя́!

Она́ попро́бовала улыбну́ться, успоко́иться, но подборо́док её дрожа́л.

— Я ду́маю о вас, — сказа́ла она́ мне по́сле мину́тного молча́ния, — вы так добры́. Зна́ете, что я сейча́с поду́мала? Я вас обо́их сравни́ла. Заче́м он — не вы? Заче́м он не тако́й, как вы? Он ху́же вас, хоть я и люблю́ его́ бо́льше вас.

Я не отвеча́л ничего́. Она́, каза́лось, ждала́, что́бы я сказа́л что́-нибудь.

— Коне́чно, я, мо́жет быть, не совсе́м ещё его́ понима́ю, не совсе́м его́ зна́ю. Зна́ете, я как бу́дто всегда́ боя́лась его́; он всегда́ был тако́й серьёзный, тако́й как бу́дто го́рдый. Коне́чно, я зна́ю, что э́то он то́лько смо́трит так, что в се́рдце его́ бо́льше, чем в моём, не́жности… Я по́мню, как он посмотре́л на меня́ тогда́, как я, по́мните, пришла́ к нему́ с веща́ми; но всё-таки я его́ как-то сли́шком уважа́ю.

— Нет, На́стенька, нет, — отвеча́л я, — э́то зна́чит, что вы его́ бо́льше всего́ на све́те лю́бите, и гора́здо бо́льше себя́ само́й лю́бите.

— Да, наве́рное, что э́то так, — отвеча́ла наи́вная На́стенька, — но зна́ете ли, что я тепе́рь поду́мала?

То́лько я тепе́рь не про него́ бу́ду говори́ть, а так, вообще́. Послу́шайте, заче́м мы все не так, как бы бра́тья с бра́тьями? Заче́м са́мый лу́чший челове́к всегда́ как бу́дто что-то скрыва́ет от друго́го и молчи́т? Почему́ сра́зу не сказа́ть, что чу́вствуешь?

—Ах, На́стенька! пра́вду вы говори́те; да ведь э́то происхо́дит от мно́гих причи́н, — на́чал говори́ть я.

—Нет, нет! — отвеча́ла она́ с глубо́ким чу́вством. — Вот вы, наприме́р, не тако́й, как други́е! Я не зна́ю, как вам рассказа́ть, что я чу́вствую; но мне ка́жется, вы вот, наприме́р… хоть бы тепе́рь… мне ка́жется, вы чем-то для меня́ же́ртвуете, — приба́вила она́. — Вы меня́ прости́те, е́сли я вам так говорю́: я ведь проста́я де́вушка; я ведь ма́ло ещё ви́дела на све́те и не уме́ю иногда́ говори́ть, но мне то́лько хоте́лось сказа́ть вам, что я благода́рна, что я то́же всё э́то чу́вствую… О, дай вам бог за э́то сча́стья! Если вы когда́-нибудь полю́бите, то дай вам бог сча́стья с не́ю! А ей я ничего́ не жела́ю, потому́ что она́ бу́дет сча́стлива с ва́ми. Я зна́ю, я сама́ же́нщина, и вы должны́ мне ве́рить, е́сли я вам так говорю́…

Она́ замолча́ла и кре́пко пожа́ла ру́ку мне. Я то́же не мог ничего́ говори́ть от волне́ния. Прошло́ не́сколько мину́т.

—Да, наве́рное, он не придёт сего́дня! — сказа́ла она́ наконе́ц, подня́в го́лову. — По́здно!..

—Он придёт за́втра, — сказа́л я уве́ренным и твёрдым го́лосом.

—Да, — согласи́лась она́, развесели́вшись, — я сама́ тепе́рь ви́жу, что он придёт то́лько за́втра. Ну, так до свида́нья! до за́втра! Если бу́дет дождь, я, мо́жет быть, не приду́. Но послеза́втра я приду́, обяза́тельно приду́; бу́дьте здесь обяза́тельно; я хочу́ вас ви́деть, я вам всё расскажу́.

И пото́м, когда́ мы проща́лись, она́ подала́ мне ру́ку и сказа́ла, посмотре́в на меня́:

— Ведь мы тепе́рь навсегда́ вме́сте?

О! На́стенька, На́стенька! Если б ты зна́ла, в како́м я тепе́рь одино́честве!

Бы́ло де́вять часо́в утра́, я не мог остава́ться в ко́мнате, оде́лся и вы́шел, несмотря́ на плоху́ю пого́ду. Я был там, сиде́л на на́шей скаме́йке. Мне бы́ло о́чень тоскли́во, и я пришёл домо́й. Како́е сыро́е, ску́чное вре́мя! Если бы была́ хоро́шая пого́да, я бы прогуля́л там всю ночь...

Но до за́втра, до за́втра! За́втра она́ мне всё расска́жет.

Одна́ко письма́ сего́дня не́ было. Но так и должно́ бы́ло быть. Они́ уже́ вме́сте...

Ночь четвёртая

Бо́же, как всё э́то ко́нчилось! Чем всё э́то ко́нчилось!

Я пришёл в де́вять часо́в. Она́ была́ уже́ там. Я ещё и́здали уви́дел её; она́ стоя́ла, как тогда́, в пе́рвый раз, прислони́вшись к пери́лам на́бережной, и не слы́шала, как я подошёл к ней.

— На́стенька! — позва́л я её.

Она́ бы́стро оберну́лась ко мне.

— Ну! — сказа́ла она́, — ну! поскоре́е!

Я смотре́л на неё в *недоуме́нии*.

— Ну, где же письмо́? Вы принесли́ письмо́? — повтори́ла она́, схвати́вшись руко́й за пери́ла.

— Нет, у меня́ нет письма́, — сказа́л я, — ра́зве он ещё не́ был?

Она́ стра́шно побледне́ла и до́лгое вре́мя смотре́ла на меня́ неподви́жно.

— Ну, бог с ним*! — проговори́ла она́, — бог с ним, — е́сли он так оставля́ет меня́.

Она́ опусти́ла глаза́, пото́м хоте́ла взгляну́ть на меня́, но не могла́. Пото́м отверну́лась и гро́мко запла́кала.

—Не на́до пла́кать! — заговори́л я, но у меня́ сил не́ было продолжа́ть, на неё гля́дя, да и что бы я стал говори́ть?

—Не *утеша́йте* меня́, — говори́ла она́ пла́ча, — не говори́те про него́, не говори́те, что он придёт, что он не бро́сил меня́ так жесто́ко, так бесчелове́чно, как он э́то сде́лал. За что, за что? Неуже́ли что́-нибудь бы́ло в моём письме́, в э́том несча́стном письме́?.. Хотя́ бы отве́тил, что я не нужна́ ему́; а то ни одно́й стро́чки за це́лые три дня! Как легко́ ему́ оскорби́ть, оби́деть бе́дную де́вушку, кото́рая лю́бит его́! О, ско́лько я вы́терпела за э́ти три дня! Бо́же мой! Бо́же мой! Как вспо́мню, что я пришла́ к нему́ в пе́рвый раз сама́, что я пе́ред ним унижа́лась, пла́кала… И по́сле э́того!.. Послу́шайте, — заговори́ла она́, обраща́ясь ко мне, и чёрные гла́зки её заблесте́ли, — да э́то не так! Это не мо́жет быть так! Мо́жет быть, он письма́ не получа́л? Мо́жет быть, он до сих пор ничего́ не зна́ет? Как же мо́жно, скажи́те мне, объясни́те мне, — я э́того не могу́ поня́ть, — как мо́жно так гру́бо поступи́ть, как он поступи́л со мно́ю! Ни одного́ сло́ва! Мо́жет быть, он что́-нибудь слы́шал, мо́жет быть, кто́-нибудь ему́ сказа́л пло́хо обо мне? — закрича́ла она́, обрати́вшись ко мне с вопро́сом. — Как вы ду́маете?

—Слу́шайте, На́стенька, я пойду́ за́втра к нему́ от ва́шего и́мени.

—Ну!

—Я спрошу́ его́ обо всём, расскажу́ ему́ всё.

—Ну, ну!

—Вы напи́шете письмо́. Не говори́те нет, На́стенька, не говори́те нет! Я заста́влю его́ ува́жать ваш посту́пок, он всё узна́ет и е́сли…

— Нет, мой друг, нет, — переби́ла она́. — Бо́льше ни сло́ва, ни одного́ сло́ва от меня́, ни стро́чки! Я его́ не зна́ю, я не люблю́ его́ бо́льше, я его́ по…за…бу́ду…

Она́ не договори́ла.

— Успоко́йтесь, успоко́йтесь! Ся́дьте здесь, На́стенька, — сказа́л я, уса́живая её на скаме́йку.

— Да я споко́йна. Это слёзы, э́то просо́хнет! Что вы ду́маете, что я погублю́ себя́, что я утоплю́сь?..

Я хоте́л заговори́ть с ней, но не мог.

— Слу́шайте! — продолжа́ла она́, взяв меня́ за́ руку, — скажи́те: вы бы не так поступи́ли? вы бы не бро́сили той, кото́рая бы сама́ к вам пришла́? Вы поберегли́ бы её? Вы бы предста́вили себе́, что она́ была́ одна́, что она́ не уме́ла себя́ убере́чь от любви́ к вам, что она́ не винова́та, что она́, наконе́ц, не винова́та… что она́ ничего́ не сде́лала!.. О, бо́же мой, бо́же мой!..

— На́стенька! — закрича́л я наконе́ц, — На́стенька! вы му́чаете меня́! Вы ра́ните се́рдце моё, вы убива́ете меня́, На́стенька! Я не могу́ молча́ть! Я до́лжен наконе́ц сказа́ть вам то, что чу́вствую…

Говоря́ э́то, я привста́л со скаме́йки. Она́ взяла́ меня́ за́ руку и посмотре́ла на меня́ удивлённо.

— Что с ва́ми? — проговори́ла она́ наконе́ц.

— Слу́шайте! — сказа́л я реши́тельно. — Слу́шайте меня́, На́стенька! Что я бу́ду тепе́рь говори́ть! Я зна́ю, что э́того никогда́ не мо́жет случи́ться, но не могу́ же я молча́ть. И прошу́ вас зара́нее, прости́те меня́!..

— Ну, что, что? — говори́ла она́, переста́в пла́кать, и стра́нное любопы́тство бы́ло в её удивлённых гла́зках, — что с ва́ми?

— Я вас люблю́, На́стенька! вот что! Ну, тепе́рь всё ска́зано! — сказа́л я. — Тепе́рь вы уви́дите, мо́жете ли вы так говори́ть со мной, как сейча́с говори́ли, мо́жете ли вы, наконе́ц, слу́шать то, что я бу́ду вам говори́ть…

—Ну, я давно́ зна́ла, что вы меня́ лю́бите, но то́лько мне всё каза́лось, что вы меня́ так, про́сто, ка́к-нибудь лю́бите… Ах, бо́же мой, бо́же мой!

—Снача́ла бы́ло про́сто, На́стенька, а тепе́рь, тепе́рь… я то́чно так же, как вы, когда́ вы пришли́ к нему́ тогда́ с веща́ми. Ху́же, чем как вы, На́стенька, потому́ что он тогда́ никого́ не люби́л, а вы лю́бите.

—Что э́то вы мне говори́те! Я вас совсе́м не понима́ю. Но послу́шайте, почему́ же э́то вы так, и так вдруг… Бо́же! я говорю́ глу́пости! Но вы…

И На́стенька *смути́лась* и опусти́ла глаза́.

—Что же де́лать, На́стенька, что же мне де́лать? я винова́т… Но нет же, нет, не винова́т я, На́стенька; я э́то слы́шу, чу́вствую, потому́ что моё се́рдце мне говори́т, что я прав, потому́ что я вас ниче́м не могу́ оби́деть, ниче́м оскорби́ть! Я был друг ваш; ну, вот я и тепе́рь друг. Вот у меня́ тепе́рь слёзы теку́т, На́стенька. Пусть теку́т — они́ никому́ не меша́ют. Они́ вы́сохнут, На́стенька…

—Да ся́дьте же, ся́дьте, — сказа́ла она́, сажа́я меня́ на скаме́йку, — ох, бо́же мой!

—Нет! На́стенька, я не ся́ду; я уже́ бо́льше не могу́ быть здесь, вы уже́ меня́ бо́льше не мо́жете ви́деть; я всё скажу́ и уйду́. Я то́лько хочу́ сказа́ть, что вы бы никогда́ не узна́ли, что я вас люблю́. Я бы сохрани́л свою́ та́йну. Я бы не стал вас му́чить тепе́рь, в э́ту мину́ту, мои́м эгои́змом. Нет! но я не мог тепе́рь вы́терпеть; вы са́ми заговори́ли об э́том, вы винова́ты… вы во всём винова́ты, а я не винова́т. Вы не мо́жете прогна́ть меня́ от себя́…

—Да нет же, нет, я не отгоня́ю вас, нет! — говори́ла На́стенька, скрыва́я, как то́лько могла́, своё смуще́ние, бе́дненькая.

— Вы меня́ не го́ните? нет! а я сам хоте́л бежа́ть от вас. Я и уйду́, то́лько я всё скажу́ снача́ла, потому́ что, когда́ вы здесь говори́ли, я не мог усиде́ть, когда́ вы здесь пла́кали оттого́ (уж я назову́ э́то, На́стенька), оттого́, что оттолкну́ли ва́шу любо́вь, я почу́вствовал, я услы́шал, что в моём се́рдце сто́лько любви́ для вас, На́стенька, сто́лько любви́!.. И мне ста́ло так го́рько, что я не могу́ помо́чь вам э́той любо́вью… что се́рдце разорвало́сь, и я, я — не мог молча́ть, я до́лжен был говори́ть, На́стенька, я до́лжен был говори́ть!..

— Да, да! говори́те мне, говори́те со мно́ю так! — сказа́ла На́стенька. — Вам, мо́жет быть, стра́нно, что я с ва́ми так говорю́, но… говори́те! я вам по́сле скажу́! я вам всё расскажу́!

— Вам жаль меня́, На́стенька; вам про́сто жаль меня́, дружо́чек мой! Не так ли? Ну, так вы тепе́рь зна́ете всё. То́лько послу́шайте, когда́ вы сиде́ли и пла́кали, я ду́мал (ох, да́йте мне сказа́ть, что я ду́мал!), я ду́мал, что (ну, уж коне́чно, э́того не мо́жет быть, На́стенька), я ду́мал, что вы… я ду́мал, что вы уже́ бо́льше его́ не лю́бите. Ведь вы сказа́ли, ведь вы са́ми говори́ли, На́стенька, что вы меня́ уже́ почти́ совсе́м полюби́ли. Ну, что же да́льше? Ну, вот почти́ и всё, что я хоте́л сказа́ть; остаётся то́лько сказа́ть, что бы тогда́ бы́ло, е́сли б вы меня́ полюби́ли, то́лько э́то, бо́льше ничего́! Послу́шайте же, друг мой, — потому́ что вы всё-таки мой друг, — я, коне́чно, челове́к просто́й, бе́дный, тако́й незначи́тельный, то́лько не в том де́ло (я как-то всё не про то говорю́, э́то от смуще́ния, На́стенька), а то́лько я бы вас так люби́л, так люби́л, что е́сли б вы ещё и люби́ли его́ и продолжа́ли люби́ть того́, кото́рого я не зна́ю, то всё-таки не заме́тили бы, что моя́ любо́вь ка́к-нибудь там для вас тяжела́. Вы бы то́лько слы́шали, вы бы то́лько чу́вствовали ка́ждую мину́ту, что ря́дом с ва́ми бьётся благода́рное се́рдце, горя́чее се́рдце, кото́рое за вас… Ох, На́стенька, На́стенька! что вы со мной сде́лали!..

—Не пла́чьте же, я не хочу́, что́бы вы пла́кали, — сказа́ла На́стенька, бы́стро встава́я со скаме́йки, — пойдёмте, вста́ньте, пойдёмте со мной, не пла́чьте же, не пла́чьте, — говори́ла она́, утира́я мои́ слёзы свои́м платко́м, — ну, пойдёмте тепе́рь; я вам, мо́жет быть, скажу́ что́-нибудь… Да, уж е́сли тепе́рь он оста́вил меня́, е́сли он позабы́л меня́, хотя́ я ещё и люблю́ его́ (не хочу́ вас обма́нывать)… но, послу́шайте, отвеча́йте мне. Если бы я, наприме́р, вас полюби́ла, то есть е́сли бы я то́лько… Ох, друг мой, друг мой! как я поду́маю, как поду́маю, что я тогда́ смея́лась над ва́шей любо́вью, когда́ вас хвали́ла за то, что вы не влюби́лись!.. О, бо́же! да как же я э́того не предви́дела, как я не предви́дела, как я была́ так глупа́, но… ну, ну, я реши́лась, я всё скажу́…

—Послу́шайте, На́стенька, зна́ете что? я уйду́ от вас, вот что! Про́сто я вас то́лько му́чаю. На́стенька, проща́йте!

—Сто́йте, вы́слушайте меня́: вы мо́жете ждать?

—Чего́ ждать, как?

—Я его́ люблю́; но э́то пройдёт, э́то должно́ пройти… Мо́жет быть, сего́дня же ко́нчится, потому́ что я его́ ненави́жу, потому́ что он надо мно́й насмея́лся, тогда́ как вы пла́кали здесь вме́сте со мно́ю, потому́ что вы не *отве́ргли* бы меня́, как он, потому́ что вы лю́бите, а он не лю́бил меня́, потому́ что я вас, наконе́ц, люблю́ сама́… да, люблю́! люблю́, как вы меня́ лю́бите; я же ведь сама́ ещё пре́жде вам э́то сказа́ла, вы са́ми слы́шали, — потому́ люблю́, что вы лу́чше его́, потому́, что вы благоро́днее его́, потому́, потому́, что он…

Волне́ние На́стеньки бы́ло так сильно́, что она́ не доко́нчила, положи́ла свою́ го́лову мне на плечо́, пото́м на грудь и го́рько запла́кала. Я успока́ивал, угова́ривал её, но она́ не могла́ переста́ть; она́ всё жа́ла мне ру́ку и говори́ла ме́жду рыда́ньями: «Подожди́те, подожди́те; вот я сейча́с переста́ну! Я вам хочу́ сказа́ть... вы не ду́майте, что э́ти слёзы, — э́то так, от сла́бости, подожди́те, пока́ пройдёт...» Наконе́ц она́ переста́ла, вы́терла слёзы, и мы сно́ва пошли́. Я хоте́л говори́ть, но она́ до́лго ещё всё проси́ла меня́ подожда́ть. Мы замолча́ли... Наконе́ц она́ начала́ говори́ть...

— Вот что, — начала́ она́ сла́бым и дрожа́щим го́лосом, — не ду́майте, что я могу́ так легко́ и ско́ро позабы́ть и измени́ть... Я це́лый год его́ люби́ла и бо́гом кляну́сь, что никогда́, никогда́ да́же мы́слью не была́ ему́ неверна́. Он насмея́лся надо мно́ю, — бог с ним! Но он оскорби́л моё се́рдце. Я — я не люблю́ его́, потому́ что я могу́ люби́ть то́лько то, что понима́ет меня́, что благоро́дно; потому́ что я сама́ така́я, и он недосто́ин меня́, — ну, бог с ним! Но как знать, до́брый друг мой, — продолжа́ла она́, пожима́я мне ру́ку, — как знать, мо́жет быть, и вся любо́вь моя́ была́ обма́н чувств, воображе́ния, мо́жет быть, начала́сь она́ оттого́, что я была́ под надзо́ром у ба́бушки? Мо́жет быть, я должна́ люби́ть друго́го, а не его́, не тако́го челове́ка, друго́го, кото́рый пожале́л бы меня́ и, и... Ну, оста́вим, оста́вим э́то, — переби́ла На́стенька, задыха́ясь от волне́ния, — я вам то́лько хоте́ла сказа́ть... я вам хоте́ла сказа́ть, что е́сли, несмотря́ на то что я люблю́ его́ (нет, люби́ла его́), е́сли вы чу́вствуете, что ва́ша любо́вь так велика́, что мо́жет, наконе́ц, вы́теснить из моего́ се́рдца пре́жнюю... е́сли вы не захоти́те меня́ оста́вить одну́, без наде́жды, е́сли вы захоти́те люби́ть меня́ всегда́, как тепе́рь меня́ лю́бите, то кляну́сь, что благода́рность... что любо́вь моя́ бу́дет наконе́ц досто́йна ва́шей любви́... Возьмёте ли вы тепе́рь мою́ ру́ку?

— На́стенька, — закрича́л я, задыха́ясь от рыда́ний, — На́стенька!.. О На́стенька!

— Ну, хорошо́, хорошо́! — заговори́ла она́, — ну, тепе́рь уже́ всё ска́зано. Ну, и вы сча́стливы, и я сча́стлива; ни сло́ва же об э́том бо́льше; подожди́те; пожале́йте меня́... Говори́те о чём-нибудь друго́м, ра́ди бо́га!..

— Да, На́стенька, да! тепе́рь я сча́стлив... Ну, На́стенька, ну, заговори́м о друго́м, поскоре́е, поскоре́е заговори́м; да! я гото́в...

И мы не зна́ли, что говори́ть, мы смея́лись, мы пла́кали, мы говори́ли ты́сячи слов без свя́зи и мы́сли; мы то ходи́ли по тротуа́ру, то вдруг возвраща́лись и переходи́ли че́рез у́лицу; пото́м остана́вливались и опя́ть переходи́ли на на́бережную; мы бы́ли как де́ти...

— Я тепе́рь живу́ оди́н, На́стенька, — заговори́л я, — а за́втра... Ну, коне́чно, я, зна́ете, На́стенька, бе́ден, у меня́ всего́ ты́сяча две́сти, но э́то ничего́...

— Разуме́ется, нет, а у ба́бушки пенсио́н. Ну́жно взять ба́бушку.

— Коне́чно, ну́жно взять ба́бушку... То́лько вот Матрёна...

— Ах, да и у нас то́же Фёкла!

— Матрёна до́брая.

— Они́ о́бе мо́гут быть вме́сте; то́лько вы за́втра к нам переезжа́йте.

— Как э́то? к вам! Хорошо́, я гото́в...

— Да, вы сни́мите у нас. У нас там, наверху́, мезони́н; он пусто́й; жила́ стару́шка, дворя́нка*, она́ съе́хала, и ба́бушка, я зна́ю, хо́чет молодо́го челове́ка пусти́ть; я говорю́: «Заче́м же молодо́го челове́ка?» А она́ говори́т: «Да так, я уже́ стара́, а то́лько ты не поду́май, На́стенька, что я за него́ тебя́ хочу́ за́муж отда́ть». Я и догада́лась, что э́то для того́...

—Ах, На́стенька!..

И оба́ мы засмея́лись.

—А где же вы живёте? я и забы́ла.

—Там, у моста́, в до́ме Бара́нникова.

—Это тако́й большо́й дом?

—Да, тако́й большо́й дом.

—Ах, зна́ю, хоро́ший дом; то́лько вы, зна́ете, бро́сьте его́ и переезжа́йте к нам поскоре́е...

—За́втра же, На́стенька, за́втра же; я там немно́жко до́лжен за кварти́ру, да э́то ничего́... Я получу́ ско́ро жа́лованье*...

—А зна́ете, я, мо́жет быть, бу́ду уро́ки дава́ть; сама́ вы́учусь и бу́ду дава́ть уро́ки...

—Ну вот и прекра́сно...

—Так вот вы за́втра и бу́дете мой жиле́ц...

Говоря́ э́то, мы ходи́ли о́ба как бу́дто в тума́не, как бу́дто са́ми не зна́ли, что с на́ми де́лается. То остана́вливались и до́лго разгова́ривали на одно́м ме́сте, то опя́ть ходи́ли, и опя́ть смех, опять слёзы... То На́стенька вдруг захо́чет домо́й, я не сме́ю уде́рживать и захочу́ проводи́ть её до са́мого до́ма; мы отправля́емся в путь и вдруг че́рез че́тверть ча́са нахо́дим себя́ на на́бережной у на́шей скаме́йки.

—Пора́ тепе́рь, пора́ мне домо́й; я ду́маю, о́чень по́здно, — сказа́ла наконе́ц На́стенька.

—Да, На́стенька, то́лько уж я тепе́рь не засну́; я домо́й не пойду́.

—Я то́же, ка́жется, не засну́; то́лько вы проводи́те меня́...

— Обяза́тельно.

— Но уж тепе́рь мы обяза́тельно дойдём до кварти́ры.

— Обяза́тельно…

— Че́стное сло́во?.. потому́ что ведь ну́жно же когда́-нибудь верну́ться домо́й!

— Че́стное сло́во, — отвеча́л я, смея́сь…

— Ну, пойдёмте!

— Пойдёмте.

— Посмотри́те на не́бо, На́стенька, посмотри́те! За́втра бу́дет чуде́сный день; како́е голубо́е не́бо, кака́я луна́! Смотри́те же, смотри́те!..

Но На́стенька стоя́ла мо́лча, че́рез мину́ту она́ ста́ла ка́к-то ро́бко прижима́ться ко мне. Рука́ её задрожа́ла в мое́й руке́; я погляде́л на неё…

В э́ту мину́ту ми́мо нас прошёл молодо́й челове́к. Он вдруг останови́лся, внима́тельно посмотре́л на нас и пото́м опя́ть сде́лал не́сколько шаго́в. Се́рдце во мне задрожа́ло…

— На́стенька, — сказа́л я вполго́лоса, — кто э́то, На́стенька?

— Это он! — отвеча́ла она́ шёпотом, ещё бли́же прижима́ясь ко мне…

— На́стенька! На́стенька! э́то ты! — послы́шался го́лос за на́ми, и в ту же мину́ту молодо́й челове́к сде́лал к нам не́сколько шаго́в.

Бо́же, како́й крик! как она́ вздро́гнула! как она́ вы́рвалась из рук мои́х и поспеши́ла к нему́ навстре́чу!.. Я стоя́л и смотре́л на них как уби́тый. Но она́ едва́ пода́ла ему́ ру́ку, едва́ бро́силась в его́ объя́тия, как вдруг сно́ва оберну́лась ко мне, очути́лась во́зле меня́, как ве́тер, как мо́лния, и, пре́жде чем успе́л я опо́мниться, обхвати́ла мою́ ше́ю обе́ими рука́ми и кре́пко, горячо́ поцелова́ла меня́. Пото́м, не сказа́в мне ни сло́ва, бро́-

силась снóва к немý, взялá егó зá руки и увелá егó за собóй.

Я дóлго стоя́л и глядéл им вслед…

Утро

Мои́ нóчи кóнчились ýтром. День был нехорóший. Шёл дождь, в кóмнатке бы́ло темнó, на дворé пáсмурно. Головá у меня́ болéла и кружи́лась.

—Письмó к тебé, бáтюшка*, почтальóн принёс, — проговори́ла Матрёна.

—Письмó! от когó? — закричáл я, вскáкивая со стýла.

—А не знáю, бáтюшка, посмотри́, мóжет, там и напи́сано от когó.

Я сломáл печáть. Это от неё!

«О, прости́те, прости́те меня́! — писáла мне Нáстенька, — на колéнях умоля́ю вас, прости́те меня́! Я обманýла и вас и себя́. Прости́те, прости́те меня́!..

Не обвиня́йте меня́, потомý что я не измени́лась к вам; я сказáла, что бýду люби́ть вас, я и тепéрь вас люблю́, бóльше чем люблю́. О бóже! éсли б я моглá люби́ть вас обóих срáзу! О, éсли б вы бы́ли он!

Бог ви́дит, что бы я тепéрь для вас сдéлала! Я знáю, что вам тяжелó и грýстно. Я оскорби́ла вас, но вы знáете — éсли лю́бишь, дóлго не пóмнишь оби́ду. А вы меня́ лю́бите!

Благодарю́! да! благодарю́ вас за э́ту любóвь. Потомý что в пáмяти моéй онá как слáдкий сон, котóрый дóлго пóмнишь пóсле пробуждéния. Потомý что я вéчно бýду пóмнить тот миг, когдá вы так брáтски откры́ли мне своё сéрдце и так великодýшно при́няли в дар моё, уби́тое, чтóбы егó берéчь и вы́лечить… Если вы прости́те меня́, то пáмять о вас я бýду храни́ть всегдá, бýду ей вернá, не изменю́ ей, не изменю́ своемý сéрдцу: онó сли́шком постоя́нно. Оно́ ещё вчера́ так ско́ро верну́лось к тому́, кому́ принадлежа́ло наве́ки.

Мы встре́тимся, вы придёте к нам, вы нас не оста́вите, вы бу́дете ве́чно дру́гом, бра́том мои́м... И когда́ вы уви́дите меня́, вы подади́те мне ру́ку... да? вы подади́те мне её, вы прости́ли меня́? Вы меня́ ещё лю́бите?

О, люби́те меня́, не оставля́йте меня́, потому́ что я вас так люблю́ в э́ту мину́ту, потому́ что я досто́йна любви́ ва́шей, потому́ что я заслужу́ её... друг мой ми́лый! На бу́дущей неде́ле я выхожу́ за него́ за́муж. Он верну́лся влюблённый, он никогда́ не забыва́л обо мне... Вы не рассе́рдитесь за то, что я о нём написа́ла. Но я хочу́ прийти́ к вам вме́сте с ним; вы его́ полю́бите?..

Прости́те же, по́мните и люби́те ва́шу

Настеньку».

Я до́лго перечи́тывал э́то письмо́; слёзы проси́лись из глаз мои́х. Наконе́ц оно́ вы́пало у меня́ из рук, и я закры́л лицо́.

Луч со́лнца, внеза́пно вы́глянув из-за ту́чи, опя́ть спря́тался под дождево́е о́блако, и всё опя́ть потускне́ло в глаза́х мои́х; и́ли, мо́жет быть, пе́редо мно́й мелькну́ла так неприве́тно и гру́стно вся перспекти́ва моего́ бу́дущего, и я уви́дел себя́ таки́м, как я тепе́рь, ро́вно че́рез пятна́дцать лет, постаре́вшим, в той же ко́мнате, так же одино́ким.

Но что́бы я по́мнил оби́ду мою́, На́стенька! О, никогда́, никогда́! Да бу́дет я́сно твоё не́бо, да бу́дет светла́ ми́лая улы́бка твоя́, да бу́дешь ты благослове́нна за мину́ту *блаже́нства* и сча́стья, кото́рое ты дала́ друго́му, одино́кому, благода́рному се́рдцу!

Бо́же мой! Це́лая мину́та блаже́нства! Да ра́зве э́того ма́ло хотя́ бы и на всю жизнь челове́ческую?..

1848

Комментарий

Господа́ — мужчи́ны и же́нщины из привилегиро́ванного о́бщества.

Не́вский проспе́кт — гла́вная у́лица Санкт-Петербу́рга.

Манти́лька, манти́лья — коро́ткая наки́дка без рукаво́в у же́нщин.

Бо́же мой! *здесь*: выраже́ние восто́рга, удивле́ния.

Фрак — ве́рхняя часть мужско́го пара́дного костю́ма.

Го́споди бо́же мой! *здесь*: выраже́ние испу́га, удивле́ния.

Го́фман Эрнст Теодо́р Амаде́й (1776–1822) — изве́стный неме́цкий писа́тель-рома́нтик.

Варфоломе́евская ночь — избие́ние гугено́тов като́ликами, произоше́дшее в Пари́же 24 а́вгуста 1572 года, в ночь накану́не религио́зного пра́здника в честь свято́го Варфоломе́я.

Диа́на Ве́рнон — мечта́тельная герои́ня рома́на английского писа́теля В. Ско́тта «Роб Рой» (1817).

...при взя́тии Каза́ни Ива́ном Васи́льевичем — взя́тие го́рода Каза́ни Ива́ном Гро́зным (1530–1584), пе́рвым ру́сским царём, произошло́ в октябре́ 1552 го́да по́сле тяжёлых боёв.

Кла́ра Мо́вбрай — персона́ж рома́на В. Ско́тта «Сент-Ронанские во́ды» (1823).

Евфия Денс — центра́льный персона́ж рома́на В. Ско́тта «Эдинбу́ргская те́мница» (1818).

Ми́нна, Бре́нда — сёстры, герои́ни рома́на «Пира́т» (1822) В. Ско́тта.

Сраже́ние при Березине́ — би́тва при реке́ Березине́ в ноябре́ 1812 го́да, заверши́ла изгна́ние наполео́новских войск из Росси́и.

Данто́н Жорж Жак (1759–1794) — ви́дный де́ятель Францу́зской буржуа́зной револю́ции 1789 го́да, казнённый по пригово́ру Революционно́го трибуна́ла.

Клеопа́тра e i soui amanti (и её любо́вники — *ит.*)... — Клеопа́тра — цари́ца Дре́внего Еги́пта; те́му «Клеопа́тра и её любо́вники» развива́ет италья́нец в по́вести Пу́шкина «Еги́петские но́чи» (1835).

До́мик в Коло́мне — назва́ние и ме́сто де́йствия поэ́мы «До́мик в Коло́мне» А.С. Пу́шкина.

Мезони́н — надстро́йка над сре́дней ча́стью жило́го до́ма.

Се́ни — помеще́ние пе́ред жило́й ча́стью до́ма.

Ва́льтер Скотт (1771–1832) — изве́стный англи́йский писа́тель.

«Ива́нгое» — ста́рый ру́сский перево́д назва́ния рома́на Ва́льтера Ско́тта «Айве́нго».

Псков — го́род на се́веро-за́паде Росси́и.

«Севи́льский цирю́льник» — о́пера италья́нского компози́тора Джоакки́но Росси́ни (1792–1868).

Рози́на — герои́ня о́перы Росси́ни «Севи́льский цирю́льник».

Ра́зум мой помути́лся — я потеря́л спосо́бность здра́во мы́слить.

Ми́лостивый госуда́рь *устар.* — официа́льное и ве́жливое обраще́ние к мужчи́не.

R, o — Ro, s, i — si, n, a — na... — намёк на сце́ну в о́пере «Севи́льский цирю́льник», когда́ Фигаро сове́тует Рози́не написа́ть письмо́ люби́мому, но письмо́ ока́зывается уже́ гото́вым зара́нее.

Бог с ним! *здесь*: выраже́ние проще́ния.

Дворя́нка — представи́тельница **дворя́нства** — са́мого привилегиро́ванного сосло́вия (социа́льной гру́ппы люде́й) ца́рской Росси́и.

Жа́лованье — регуля́рная вы́плата де́нег за рабо́ту.

Ба́тюшка — в Росси́и до 1917 го́да ве́жливое обраще́ние к представи́телям привилегиро́ванного о́бщества.

Задания

Проверьте, как вы поняли текст

Ответьте на вопросы.

1. Чем занимался главный герой повести «Белые ночи»?
2. Как долго молодой человек жил в Петербурге? Где он работал?
3. Чем он занимался в свободное время?
4. Как он познакомился с Настенькой? При каких обстоятельствах?
5. Почему молодые люди решили ещё раз встретиться?
6. О чём молодые люди говорили на второй встрече? Что рассказал о себе молодой человек? Что рассказала о себе Настенька?
7. Как молодой человек пытался помочь горю девушки? Что он посоветовал Настеньке?
8. Какое поручение Настеньки исполнил молодой человек?
9. Как главный герой пытался утешить девушку?
10. Почему Настенька предложила молодому человеку переехать к ней?
11. Где Настенька увидела своего любимого человека?
12. О чём Настенька написала главному герою?
13. Как главный герой реагирует на письмо девушки?

Отметьте предложения, где написана правда → *П*, а где написана неправда → *Н*.

1. ☐ Настенька была сиротой.
2. ☐ Постоялец в доме бабушки Настеньки обещал жениться на девушке, но не сдержал своего слова и тайно сбежал от Настеньки в Москву.
3. ☐ Главный герой, мечтатель, и Настенька полюбили друг друга и вскоре поженились.

Найдите в тексте.

1. Описание внешности Настеньки.
2. Рассказ главного героя, мечтателя, о странных местах Петербурга.
3. Переживания главного героя, описание его чувств к девушке.
4. Письмо Настеньки главному герою, мечтателю.

Выполните тест.

Выберите правильный вариант ответа к каждому из заданий и отметьте его в рабочей матрице. Проверьте себя по контрольной матрице. (Ответы смотрите в конце книги.)

Образец:

1	А	Б	В

1. Повествование ведётся от лица … .
   (А) Настеньки
   (Б) бабушки Настеньки
   (В) молодого человека, мечтателя
2. Произведение состоит из … .
   (А) четырёх глав
   (Б) пяти глав
   (В) шести глав
3. Повесть «Белые ночи» Ф.М. Достоевского — это история … .
   (А) о несостоявшейся любви мечтателя
   (Б) о предательстве и коварстве молодых людей
   (В) о безответной любви Настеньки
4. Действие происходит … .
   (А) в Санкт-Петербурге
   (Б) на даче под Санкт-Петербургом
   (В) в Москве
5. В свободное время главный герой романа … .
   (А) отдыхает с друзьями
   (Б) знакомится с девушками на улицах города
   (В) одиноко бродит по городу

6. Мечтатель и Настенька встречались … .
   (А) по утрам
   (Б) по ночам
   (В) днём
7. Настенька рассказала молодому человеку свою историю, потому что … .
   (А) влюбилась в него с первого взгляда
   (Б) хотела с кем-нибудь поделиться своим горем
   (В) увидела в нём человека, близкого ей по духу, брата
8. Настенька приходила на набережную, чтобы … .
   (А) отдохнуть от нравоучений бабушки
   (Б) согласно раннему уговору встретиться с любимым человеком
   (В) однажды набраться храбрости и свести счёты с жизнью
9. Однажды во время беседы с главным героем на набережной Настенька встретила … .
   (А) своего любимого
   (Б) бабушку
   (В) подругу Машу
10. О том, что любимый человек Настеньки в Петербурге, девушка … .
   (А) не хочет знать
   (Б) не должна знать
   (В) знает
11. В своём письме к главному герою Настенька … .
   (А) просит прощения и выражает надежду на дружбу и понимание
   (Б) приглашает героя к себе на свадьбу
   (В) обвиняет героя в нерешительности
12. Главный герой, мечтатель, … .
   (А) боготворит Настеньку
   (Б) обижен на Настеньку
   (В) равнодушен к Настеньке

Рабочая матрица

1	А	Б	В
2	А	Б	В
3	А	Б	В
4	А	Б	В
5	А	Б	В
6	А	Б	В
7	А	Б	В
8	А	Б	В
9	А	Б	В
10	А	Б	В
11	А	Б	В
12	А	Б	В

Лексико-грамматические задания

1. Выберите правильный вариант употребления падежной формы, неправильный вариант зачеркните.

Образец: Прощайте, благодарю ~~**вам**~~ / **вас**.

1. Она, кажется, не слышала **шаги / шагов** моих.

2. Я совсем отвык **от женщин / у женщин**; то есть я **при них / к ним** и не привыкал никогда; я ведь один.

3. Бабушка согласилась с благодарностью, только всё спрашивала, нравственные книги или нет, потому что если книги безнравственные, так тебе, говорит, Настенька, читать нельзя, ты **дурного / дурному** научишься.

4. Сначала она **всего / всему** радовалась и хохотала.

5. О, будьте благословенны, вы, милая девушка, за то, что не оттолкнули **от меня / меня** с первого раза.

6. Да будет ясно твоё небо, да будет светла милая улыбка твоя, да будешь ты благословенна за минуту **блаженство / блаженства** и счастья, которое ты дала другому, одинокому, благодарному сердцу!

7. Нет, Настенька, он теперь уже богат **своей особенной жизни / своей особенной жизнью**.

8. Казалось, весь Петербург превратился **с пустыней / в пустыню**, так что мне стало стыдно, обидно и грустно: мне некуда и незачем было ехать на дачу.

2. Выберите глагол несовершенного или совершенного вида, неправильный вариант зачеркните.

Образец: Если будет ответ, то сами вы ~~**приносите**~~ / **принесёте** его вечером в десять часов.

1. Дорога моя шла по набережной канала, на которой в этот час никого не **встречаешь / встретишь**.

2. Я ходил на Невский, в сад, бродил по набережной — ни одного лица из тех, кого привык **встречать / встретить** в том же месте, в известный час, целый год.

3. Я вернулся, шагнул к ней, но девушка оглянулась и быстро **проходила / прошла** мимо меня по набережной.

4. Потом он ещё и ещё **присылал / прислал**, так что наконец я без книг и быть не могла и перестала думать, как бы выйти замуж за китайского принца.

5. Завтра ему **уезжать / уехать**, а я решила, что всё кончу вечером, когда бабушка уйдёт спать.

6. Вы спросите, может быть, о чём он мечтает? К чему это **спрашивать / спросить**!

7. Так ты, говорит, Настенька, смотри, их не **читай / прочти**.

8. Боже мой! Да разве никак нельзя **помогать / помочь** горю? — закричал я, вскочив со скамейки.

3. Выберите правильный вариант употребления глаголов движения с приставками, неправильный вариант зачеркните.

Образец: Бабушка и говорит: «Сходи, Настенька, ко мне в спальню, **принеси** / ~~**занеси**~~ счёты».

1. Мне и так знаком весь Петербург; вот почему мне и показалось, что меня все покинули, когда весь Петербург вдруг **наехал / уехал** на дачу.

2. Я вам ещё забыла сказать, что у нас, то есть у бабушки, свой маленький домик, деревянный и такой же старый, как

бабушка; а наверху мезонин; вот и **переехал / подъехал** к нам в мезонин новый жилец.

3. Она, кажется, не слышала шагов моих, даже не шевельнулась, когда я **прошёл / перешёл** мимо.

4. Ровно год назад, в мае месяце, жилец к нам приходит и говорит бабушке, что ему нужно **уехать / заехать** на год в Москву.

5. Мы то ходили по тротуару, то вдруг возвращались и **проходили / переходили** через улицу.

6 Вот вам письмо, вот и адрес, куда **отнести / вынести** его.

7. Я думала, что после этого он будет **уходить / заходить** к нам чаще и чаще, — но нет. Он почти совсем перестал.

8. Раза два мы опять в театр **съездили / уехали**.

9. Было уже десять часов вечера, когда я **приходил / подходил** к своему дому.

10. Вот почему он так вздрогнул, чуть не закричал и с испугом огляделся кругом, когда одна старушка остановила его посреди тротуара и стала расспрашивать о том, как ей **прийти / дойти** до нужного места.

4. Выберите правильный вариант употребления союза, союзного слова, неправильный вариант зачеркните.

Образец: И о чём я буду мечтать, ~~**где**~~ / **когда** я возле вас был так счастлив!

1. Она молча подала мне свою руку, ещё дрожавшую **при волнении и испуге / от волнения и испуга**.

2. Вот почему он так вздрогнул, чуть не закричал и **с испугом / для испуга** огляделся кругом.

3. Конечно, я бы так не рассказала хорошо, как вы рассказали, я не училась, — робко прибавила она, **потому что / поэтому** всё ещё чувствовала какое-то уважение к моей речи, — но я очень рада, что вы открылись мне.

4. Только бабушка подозвала меня к себе в одно утро и сказала, что **если / так как** она слепа, то за мной не усмотрит, взяла булавку и приколола моё платье к своему.

5. Мы долго говорили, но я наконец сказала, что не могу жить у бабушки, что убегу от неё, что не хочу, **что / чтобы** меня булавкой прикалывали.

6. Потому что я вечно буду помнить тот миг, **когда / потому что** вы так братски открыли мне своё сердце и так великодушно приняли в дар моё, убитое, чтобы его беречь и вылечить…

7. Вот вам письмо, вот и адрес, **где / куда** отнести его.

5. Выберите правильный вариант употребления слова *который*, неправильный вариант зачеркните.

Образец: Но какое-то тёмное ощущение, ~~**с которым**~~ **/ от которого** слегка заныла и волнуется грудь его, какое-то новое желание соблазнительно щекочет и раздражает его фантазию.

1. У вас подруг нет никаких, **у которых / к которым** бы можно было в гости пойти?

2. «Севильского цирюльника»! — закричала бабушка, — да это тот самый «Цирюльник», **которого / который** я в старину слушала?

3. Теперь он почти не замечает ту дорогу, **с которую / по которой** прежде самая мелкая мелочь могла удивить его.

4. Вы не способны даже и мысленно обидеть ту, **которую / которая** вас так любила и любит.

5. Отдайте письмо моё завтра вы сами тем добрым людям, **с которыми / о которых** я вам говорила: они уже перешлют.

6. Ах, Настенька! мне хотелось как-нибудь передать вам это странное впечатление… — начал я жалобным голосом, **в котором / с которым** скрывалась ещё слабая надежда.

7. Может быть, я должна любить другого, а не его, не такого человека, другого, **который / которого** пожалел бы меня и, и… Ну, оставим, оставим это.

6. Выберите правильный вариант употребления причастия, неправильный вариант зачеркните.

Образец: В этих местах, милая Настенька, совсем другая жизнь, не похожая на ту, **которая возле нас происходит в наше серьёзное время (происходящую возле нас в наше серьёзное время / ~~происходившую возле нас в наше серьёзное время~~)**.

1. Я ожидал, что Настенька, **которая слушала меня (слушавшая меня / слушающая меня)**, открыв свои умные глазки, захохочет всем своим детским, весёлым смехом.

2. А теперь вот что, слушайте: тогда мы договорились, что как только приедет он, так сразу оставит мне письмо в одном месте, у одних моих знакомых, добрых и простых людей, **которые ничего об этом не знают (ничего не знавших об этом / ничего не знающих об этом)**.

3. Rosina! — запели мы оба, я, чуть не обнимая её от восторга, она, покраснев, как только могла покраснеть, и смеясь сквозь слёзы, **которые дрожали на её чёрных ресницах (дрожащие на её чёрных ресницах / дрожавшие на её чёрных ресницах)**.

4. Как легко ему оскорбить, обидеть бедную девушку, **которая любит его (любившую его / любящую его)**!

5. На что он так смотрит? На этого ли господина солидной наружности, **который так картинно поклонился даме (картинно поклонившегося даме / картинно поклоняющегося даме)**, прокатившейся мимо него в блестящей карете?

7. Выберите подходящие по смыслу слова, неправильный вариант зачеркните.

Образец: А что, говорит, вам не скучно **целый / ~~цельный~~** день сидеть вместе с бабушкой?

1. Вы напишете письмо. Не говорите нет, Настенька, не говорите нет! Я заставлю его уважать ваш **проступок / поступок**.

2. В эти места как будто не заглядывает то солнце, которое **светит / светлит** для всех петербургских людей, а заглядывает какое-то другое, новое, и **светит / светлит** на всё другим, **особым / особенным** светом.

3. Есть у меня **старая / старинная** бабушка.

4. Думаю, я шла **целый / цельный** час по лестнице.

5. Теперь фантазия начала изображать перед ним узоры **необычной / необыкновенной** жизни.

6. Вспомните, что пишет вам **бедственная / бедная** девушка, что она одна, что некому ни научить её, ни посоветовать ей и что она никогда не умела сама справиться со своим сердцем.

7. Скажите мне прямо; предупреждаю вас, я не **обидчив / обиден**.

8. Заполните пропуски в тексте. Используйте слова для справок.

Отчего же, скажите, Настенька, отчего же в такие минуты каким-то волшебством … пульс, … слёзы из глаз мечтателя, … его бледные щёки? Отчего же целые бессонные ночи … как один миг, в нескончаемом веселии? И когда рассвет … его комнату своим сомнительным фантастическим светом, как у нас, в Петербурге, наш мечтатель, утомлённый, измученный, … на постель и … с такой томительно-сладкой болью в сердце?

Слова для справок: гореть, бросаться, проходить, брызгать, осветить, ускоряться, засыпать.

9. Выберите правильный вариант употребления глаголов с приставками, неправильный вариант зачеркните.

Образец: Нет, так нельзя, — сказала она беспокойно, — этого не будет; так, пожалуй, и я ~~**выживу**~~ / **проживу** всю жизнь возле бабушки.

1. Только я не знаю, как я **доживу / выживу** эти сутки.
2. Неужели вы так **прожили / пожили** всю свою жизнь?

3. Она же меня **выучила / отучила** французскому языку и потом наняла мне учителя.

4. Она слепая и вот уже целую жизнь меня никуда не пускает, так что я почти **доучилась / разучилась** говорить.

5. Вспомните, что пишет вам бедная девушка, что она одна, что некому ни **приучить / научить** её, ни посоветовать ей и что она никогда не умела сама справиться со своим сердцем.

6. Я, — говорит бабушка, — много таких книжек читала, и всё, говорит, так прекрасно **описано / исписано**, что ночь сидишь, тихонько читаешь.

7. Но письмо, письмо! Ведь прежде нужно письмо **записать / написать**!

8. Это тот самый час, когда кончаются почти всякие дела, должности и обязательства и все спешат по домам пообедать, прилечь отдохнуть и тут же, в дороге, **придумывают / задумывают** и другие весёлые темы, о вечере, ночи и всего оставшегося свободного времени.

9. Теперь, когда я сижу возле вас и говорю с вами, мне уже и страшно **продумать / подумать** о будущем, потому что в будущем — опять одиночество, опять эта ненужная жизнь.

10. Только давайте **наговоримся / договоримся**, что вы не влюбляетесь в меня.

11. Я попробовала схитрить один раз и **заговорила / уговорила** сесть на моё место Фёклу.

12. Говоря о капризных и разных сердитых господах, я **вспомнил / напомнил** и своё поведение в этот день.

13. Ну, простите меня, если я **запомню / напомню**: мне показалось, что вы плакали, и я… я не мог слышать это… у меня сжалось сердце…

14. Попробуйте остановить его теперь, спросите его вдруг: где он теперь стоит, по каким улицам шёл? — он наверно бы ничего не **припомнил / напомнил**, ни того, где ходил, ни того, где стоял теперь.

15. Но она едва подала ему руку, едва бросилась в его объятия, как вдруг снова обернулась ко мне, очутилась возле меня, как ветер, как молния, и, прежде чем успел я **опомниться / запомнить**, обхватила мою шею обеими руками и крепко, горячо поцеловала меня.

10. Подберите синонимы к словам.

Образец: Миленький = симпатичный

Хохотать = ...	Настоящий = ...
Рыдать = ...	Угрюмый = ...
Дурной = ...	Фантастический = ...

Слова для справок: естественный, хмурый, плохой, фантастичный, плакать, смеяться.

11. Подберите антонимы к словам.

Образец: Белый ≠ чёрный

Робкий ≠ ...	Помогать ≠ ...
Мутный ≠ ...	Любить ≠ ...
Веселиться ≠ ...	Стареть ≠ ...
Молчать ≠ ...	Плакать ≠ ...

Слова для справок: решительный, прозрачный, ненавидеть, болтать, молодеть, грустить, мешать, смеяться.

12. Подберите и запишите однокоренные слова.

Образец: Кокетство — кокетничать, кокетка

Капризный — ...
Одинокий — ...
Мечтатель — ...
Грусть — ...

13. Опишите состояние главного героя, его чувства к Настеньке, используя фразеологизмы.

Как в воду опущенный; потерять голову; не находить себе места; уйти в себя; взять себя в руки.

14. Прочитайте план текста и продолжите его. Перескажите рассказ по плану.

1. Главный герой, мечтатель, бродит по улицам и однажды во время прогулки по набережной знакомится с девушкой.

2. Вторая встреча с Настенькой. Рассказ Настеньки о своей любви.

3. Главный герой влюбляется в Настеньку, Настенька говорит, что тоже любит его.

4. ...

5. ...

6. ...

15. Дайте характеристику персонажам романа Ф.М. Достоевского, используйте лексику из текста.

Настенька — семнадцатилетняя девушка, сирота, живущая со слепой бабушкой, ...

Мечтатель — двадцатишестилетний тонко чувствующий молодой человек, ...

Бабушка — старенькая, ...

Постоялец дома Настеньки — немолодой человек, приезжий, ...

16. Расскажите историю любви Настеньки и постояльца их дома от лица бабушки Настеньки; самого постояльца. Используйте характеристику персонажей из предыдущего задания.

17. Давайте обсудим.

1. Оцените поведение Настеньки, отношение к главному герою. Найдите оправдание её поведению.

2. Прочитайте текст письма Настеньки к мечтателю. Как раскрывается её характер в этом письме?

3. Как вы думаете, какой ответ напишет Настеньке молодой человек?

4. Что бы вы посоветовали главному герою, влюбившемуся в Настеньку, будь он вашим другом?

5. Как бы могли развиваться взаимоотношения молодого человека и девушки, если бы они не встретили возлюбленного Настеньки?

6. Предположите, как могла бы сложиться жизнь мечтателя после замужества Настеньки, остались бы они с ней друзьями.

7. Как бы вы поступили, будь вы на месте мужчины, придя на свидание и увидев свою любимую девушку с другим?

8. Как вы думаете, чем это произведение привлекает режиссёров? Почему оно часто экранизируется в России и за рубежом?

9. Посмотрите любой фильм, снятый по повести «Белые ночи» Ф.М. Достоевского. Оправдал ли фильм ваши ожидания? Такими ли вы представляли главных героев Достоевского?

10. Посоветуете ли вы своим друзьям прочитать данное произведение в переводе на ваш родной язык?

Контрольная матрица

1	А	Б	**В**
2	А	Б	**В**
3	**А**	Б	В
4	**А**	Б	В
5	А	Б	**В**
6	А	**Б**	В
7	А	Б	**В**
8	А	**Б**	В
9	**А**	Б	В
10	А	Б	**В**
11	**А**	Б	В
12	**А**	Б	В